中等职业学校会计专业教学改革实验教材

会计电算化实训

张素萍　冯玉婷　主编

郭改莲　唐婧坤　副主编

化学工业出版社

·北京·

《会计电算化实训》为“中等职业学校会计专业教学改革实验教材”之一。

《会计电算化实训》共分五个项目：系统管理模块的应用，总账系统模块的应用，工资系统模块的应用，固定资产模块的应用，报表系统模块的应用。五个项目互相独立，又紧密联系。

《会计电算化实训》适合中等职业学校会计、经管等相关专业学生使用。

图书在版编目（CIP）数据

会计电算化实训/张素萍，冯玉婷主编．—北京：化学工业出版社，2018.3
ISBN 978-7-122-31575-5

Ⅰ.①会… Ⅱ.①张…②冯… Ⅲ.①会计电算化-中等专业学习-教材 Ⅳ.①F232

中国版本图书馆CIP数据核字（2018）第036833号

责任编辑：刘　哲　　装帧设计：关　飞
责任校对：王素芹

出版发行：化学工业出版社（北京市东城区青年湖南街13号　邮政编码100011）
印　　装：北京京华虎彩印刷有限公司
710mm×1000mm　1/16　印张7¼　字数113千字　2018年4月北京第1版第1次印刷

购书咨询：010-64518888（传真：010-64519686）　售后服务：010-64518899
网　　址：http://www.cip.com.cn
凡购买本书，如有缺损质量问题，本社销售中心负责调换。

定　　价：19.00元

前言

当今，会计工作是经济社会发展的根基，而信息化是开展各项会计工作的基本环境，会计信息化建设则是《会计改革与发展“十三五”规划纲要》所确立的“十三五”时期会计改革与发展的重要领域之一，是实现会计工作转型升级的重要基础。为落实《会计改革与发展“十三五”规划纲要》所提出的改革目标，促进会计专业“重点专业建设”工程的顺利推进，满足会计技能大赛的训练和企业对会计信息人才的需求，本教材立足学校专业实际，凸显可操作性强、语言简练等特色，以强化基础知识、提升应用能力为目标，精心编制。

“普通教育有高考，职业教育有技能大赛”，已经成为人们的共识。在开设《会计电算化》课程的基础上，本教材强化了会计电算化的基础知识、核心专业技术应用能力，注重从新的设计理念出发，抛弃传统的以教师为主体的灌输式教学方法，体现以教师为主导、学生为主体的学生自主学习的理念，采用会计工作任务为导向的教学方法，使学生在做中学，注重学生方法能力、社会能力、专业能力的培养，让学生在动手实践中理解、把握重要的专业知识，给学生一种拓展能力发展的空间。

本书主要包括系统管理、总账、报表、工资和固定资产等模块。实训资料涉及的经济业务以实务单据为主，内容安排合理，文字简明，突出应用操作的训练，旨在有效培训学生操作用友 T3 软件各主要功能模块进行会计核算业务处理，提高会计电算化业务操作技能；不断获取知识、开发自身潜能、适应会计电算化岗位变化快的能力；培养团队合作交流能力及良好的职业道德、职业情感，适应职业变化快的能力。

参加本书编写的人员都是从事会计电算化课程教学工作多年的教师，本书是多年教学经验的总结。在编写本书的过程中，张素萍担任主编并负责搭建全书的总体结构，冯玉婷担任主编并负责上机测试，郭改莲和唐婧坤担任副主编并负责文字资料的编写。

由于水平所限，书中难免存在不妥之处，敬请批评指正。

编者

2018 年 1 月

目 录

项目一 系统管理模块的应用 / 1

一、 项目描述 …… 3
二、 项目分析 …… 3
三、 操作资料 …… 4
四、 操作程序 …… 5
五、 知识链接 …… 14
六、 成果评价 …… 15

项目二 总账系统模块的应用 / 17

一、 项目描述 …… 19
二、 项目分析 …… 19
三、 操作资料 …… 20
四、 操作程序 …… 53
五、 知识链接 …… 67
六、 成果评价 …… 67

项目三 工资系统模块的应用 / 69

一、 项目描述 …… 71
二、 项目分析 …… 72
三、 操作资料 …… 72
四、 操作程序 …… 79

五、 知识链接 …………………………………………………… 85
六、 成果评价 …………………………………………………… 86

项目四 固定资产模块的应用 / 87

一、 项目描述 …………………………………………………… 89
二、 项目分析 …………………………………………………… 90
三、 操作资料 …………………………………………………… 90
四、 操作程序 …………………………………………………… 96
五、 知识链接 …………………………………………………… 102
六、 成果评价 …………………………………………………… 102

项目五 报表系统模块的应用 / 103

一、 项目描述 …………………………………………………… 105
二、 项目分析 …………………………………………………… 105
三、 操作资料 …………………………………………………… 106
四、 操作程序 …………………………………………………… 106
五、 知识链接 …………………………………………………… 108
六、 成果评价 …………………………………………………… 109

参考文献 / 110

项目一

系统管理模块的应用

一、项目描述

畅捷通 T3 财务管理系统由多个子系统组成，它们为同一个主体的不同方面服务，既相对独立，又相互联系，协同运作，共同完成一体化的会计核算与管理工作。为了实现一体化的管理应用模式，要求各个子系统共用的基础信息，拥有相同的账套和年度账，并要求操作员和操作权限集中管理，所有数据存放在同一数据库中共享。因此，为了完成全面的系统服务，必须通过系统管理功能进行基础设置，为各个子系统提供统一的环境和基础信息，进而对财务管理软件所属的各个子系统进行统一的操作管理和数据维护，最终实现财务业务的一体化管理。

系统管理的主要功能是对畅捷通 T3 企业管理软件的各个子系统进行统一的操作管理和数据维护，系统管理的任务主要包括对操作员及其权限的管理和账套管理。

主要任务

学习系统管理的主要内容和操作方法，能够在系统管理中设置操作员，建立账套，设置操作员权限，能够熟练地进行账套的备份和恢复，为日常工作做好充分的准备，能够了解在出现操作错误时的处理思路和方法。

二、项目分析

① 登录系统管理模块。

② 增设操作员（用户）。

③ 创建账套及删除账套。

④ 进行操作员权限设置。

⑤ 备份账套数据。

三、操作资料

1. 新建账套资料

华宇有限责任公司为工业企业，会计核算执行《企业会计准则》，公司为增值税一般纳税人，增值税率17%，所得税税率25%，涉及的其他税种税率题目中给定。

① 账套代码：101

② 账套名称：华宇有限责任公司2011年1月账套

③ 启用会计期：2011年01月

④ 单位名称：华宇有限责任公司，简称华宇公司

⑤ 本币代码：RMB；本币名称：人民币

⑥ 企业类型：工业；行业性质：2007年新会计准则，按行业性质预置科目

⑦ 账套主管：曾玥

⑧ 存货、客户、供应商需要分类核算，有外币核算；采购和销售流程使用标准流程

⑨ 外币名称：美元，USD；期初汇率为1∶6.6227；期末汇率为1∶6.5891

⑩ 会计科目编码：4-2-2-2

⑪ 客户分类编码：2-2；收发类别编码：1-1

⑫ 部门编码：2-2；存货分类编码：1；存货编码：1-2

⑬ 结算方式编码：1-2

⑭ 供应商分类编码：2-2，其他编码采用系统默认值；数据精度定义：2

⑮ 开户银行：陕西西安市工商银行雁翔路营业部

地址：陕西省西安市雁翔路88号

账号：998895819

⑯ 系统启用：启用总账、固定资产、工资管理，启用时间均为2011-01-01

2. 用户管理及权限

编号	姓名	职　　责	权　　限
zg	曾玥	负责系统日常运行管理	账套主管
kj	李鸿飞	负责总账、工资管理、固定资产管理和报表	公用目录设置、总账、报表、工资管理及固定资产所有权限
cn	张长顺	负责库存现金和银行存款的管理以及出纳签字	现金管理、出纳签字

3. 账套的备份和恢复

对101华宇有限责任公司账套进行备份。

四、操作程序

(1) 登录“系统管理”模块

① 在桌面双击【系统管理】图标，【畅捷通T3-企业管理信息化软件教育专版系统管理】窗口显示于桌面。

② 在【系统管理】窗口，执行【系统】/【注册】命令，弹出登录对话框，用户名输入“admin”，初始密码为空，单击【确定】按钮，进入系统管理界面。

(2) 增设用户

① 在【系统管理】窗口中执行【权限】/【操作员】命令，打开【操作员管理】对话框。

② 单击增加按钮，打开【增加操作员】对话框。

③ 根据资料输入有关内容。然后单击 增加 按钮，继续增加其他操作员。

④ 操作员设置完毕后，单击 退出 按钮，可以看到在【操作员管理】对话框里显示有新增加的操作员。

(3) 创建账套

① 系统管理员注册进入系统管理后，选择菜单栏中的【账套】/【建立】命令，进入【创建账套—账套信息】对话框。依次输入新建账套的账套号、账套名称等有关内容，其他选择系统默认设置，然后单击 下一步(>) 按钮。

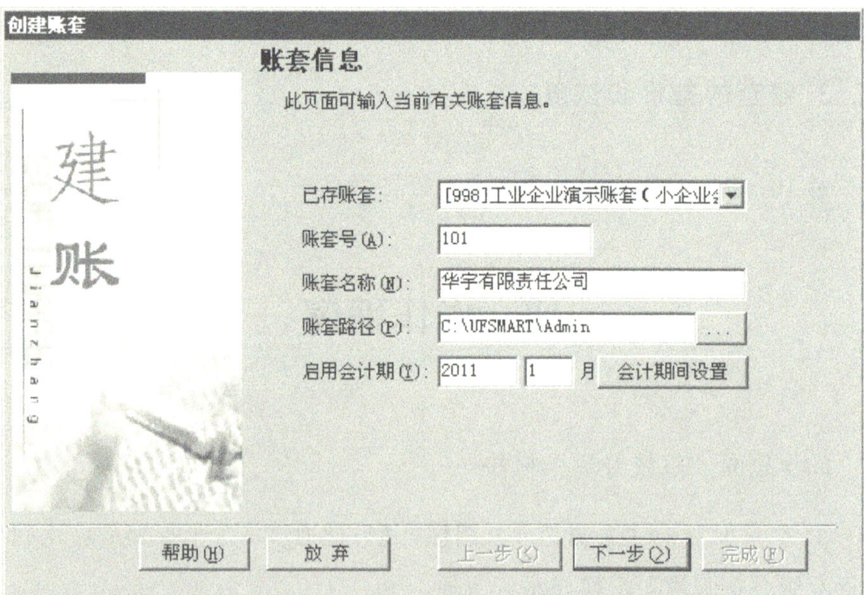

② 在【创建账套—单位信息】对话框中，输入相关的企业信息。其中【单位名称】和【单位简称】必须输入，其他内容可根据需要选择是否输入。输入完毕后单击 下一步(>) 按钮。

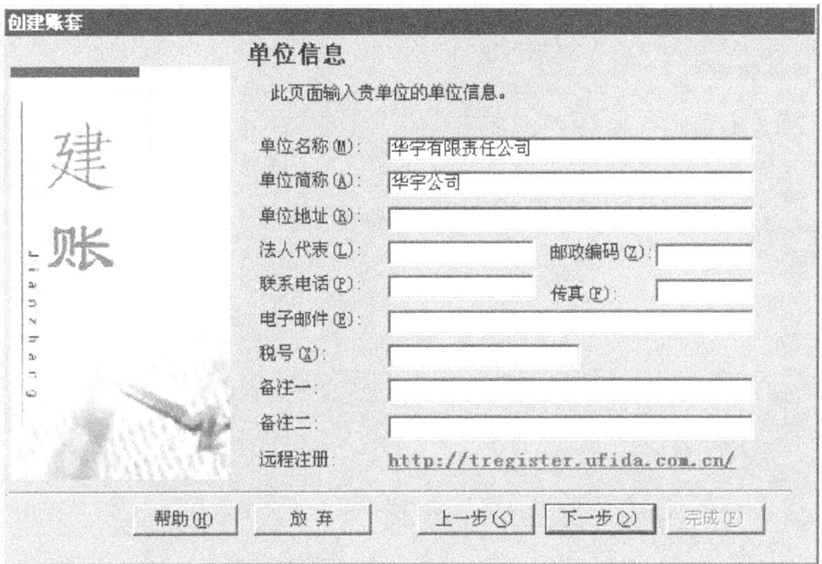

③ 在【创建账套—核算类型】对话框中，设置企业类型和行业性质，按要求选择账套主管。然后单击 下一步(>) 按钮。

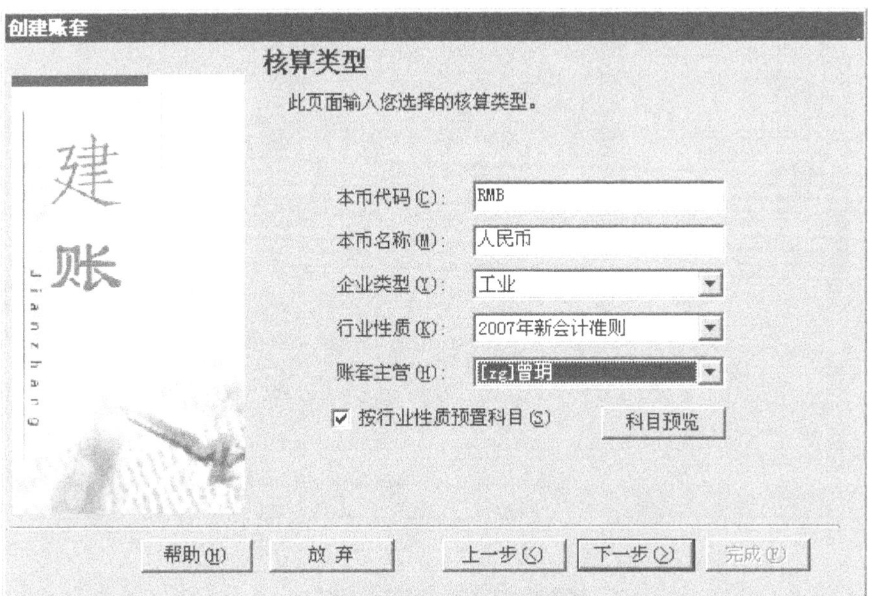

④ 在【创建账套—基础信息】对话框中，选择相关内容，然后单击 完成(F) 按钮，在弹出的【创建账套】提示框中，单击 是(Y) 按钮。

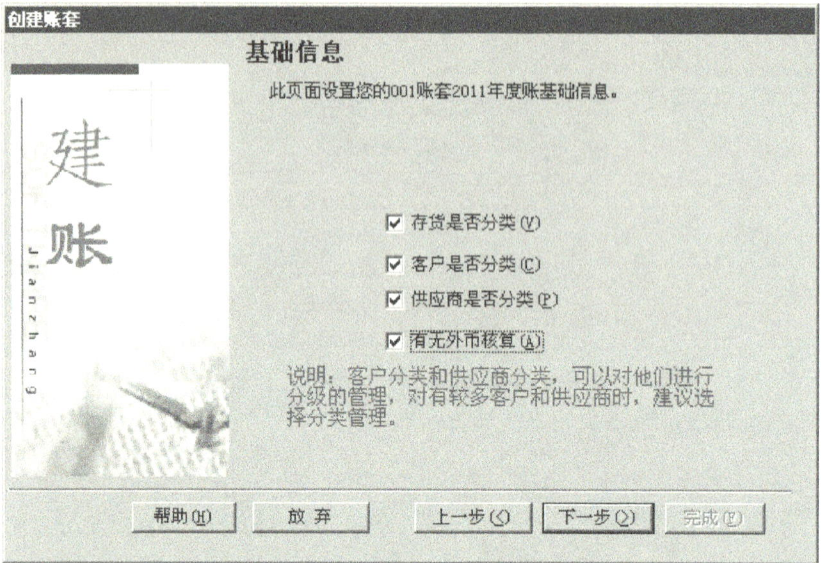
创建账套
基础信息
此页面设置您的001账套2011年度账基础信息。
建
账
Jianzhang
存货是否分类(V)
客户是否分类(C)
供应商是否分类(P)
有无外币核算(A)
说明：客户分类和供应商分类，可以对他们进行分级的管理，对有较多客户和供应商时，建议选择分类管理。
帮助(H)
放 弃
上一步(<)
下一步(>)
完成(F)

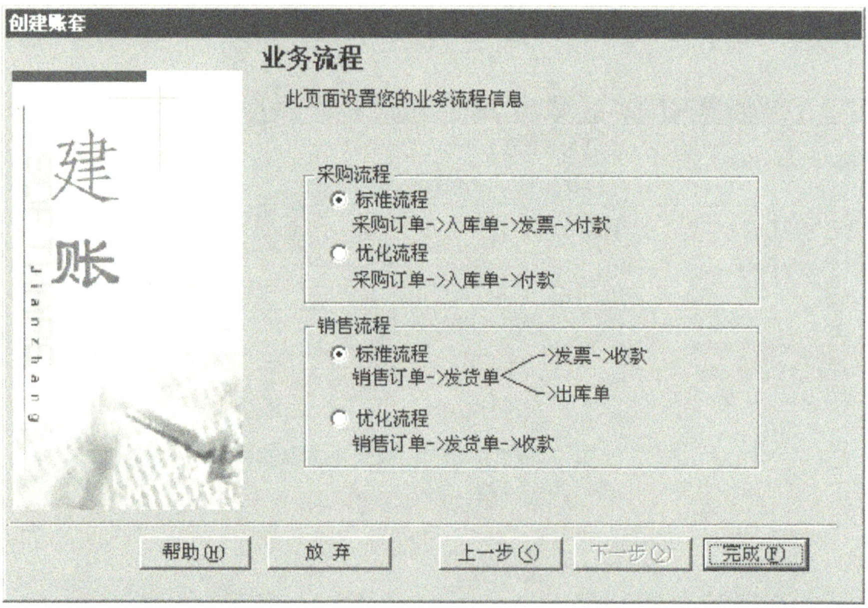
创建账套
业务流程
此页面设置您的业务流程信息
建
账
Jianzhang
采购流程
标准流程
采购订单->入库单->发票->付款
优化流程
采购订单->入库单->付款
销售流程
标准流程
销售订单->发货单
->发票->收款
->出库单
优化流程
销售订单->发货单->收款
帮助(H)
放 弃
上一步(<)
下一步(>)
完成(F)

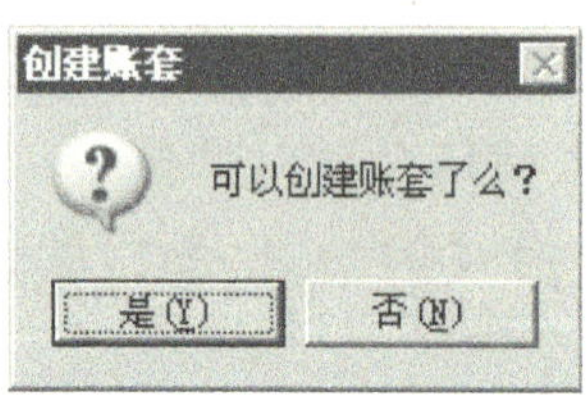
创建账套
可以创建账套了么？
是(Y)
否(N)

⑤ 在弹出的【分类编码方案】对话框中，根据资料提供的编码方案进行修改，然后单击 确认 按钮。

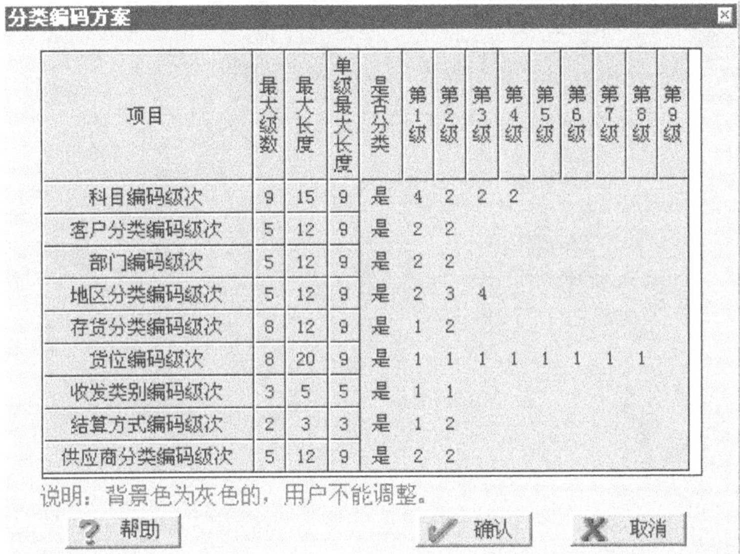

⑥ 在弹出的【数据精度定义】对话框中按资料进行设置后，单击 确认 按钮。最后在弹出的【创建账套】提示框中，单击 确定 按钮，账套创建成功。

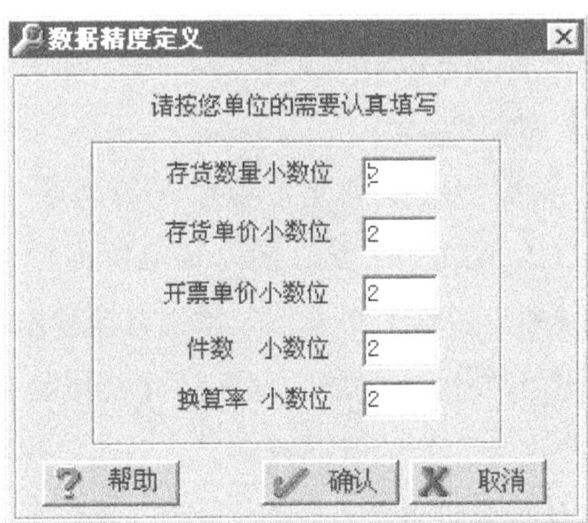

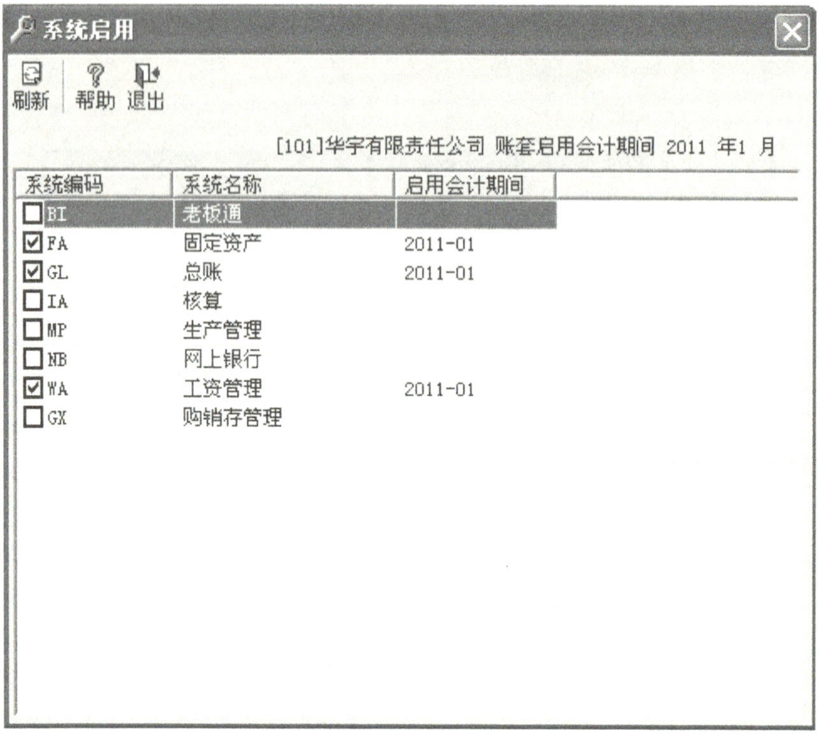

(4) 进行用户权限设置

① 账套主管的权限设置　如果在创建账套时，已对账套主管进行了正确的定义，则可跳过此步。

a. 系统管理员登录【系统管理】窗口，执行【权限】/【权限】命令，打开【操作员权限】对话框。

b. 拖动左边列表框中的滚动条，选定左边列表中的001号操作员“姓名”，单击窗口右上角的下拉按钮，选定所需设置的账套和会计年度，选中右上角的【账套主管】单选框，系统自动弹出“设置操作员”的提示框，单击是(Y)按钮。在随后打开的【操作员权限】对话框的右边列表中，将显示出账套主管的全部权限。

② 一般操作员的权限设置

a. 在【操作员权限】对话框的左边列表中选定操作员“姓名”，然后单击增加按钮，打开【增加权限—kj】对话框。

b. 在左边列表中双击相应的授权系统名称“总账”，在右边“明细权限选择”列表中，与该系统操作相关的明细权限全部被选定，授权栏显示为蓝色。

c. 单击 确定 按钮。在随后打开的【操作员权限】对话框右边列表中可以看到增加的操作权限。

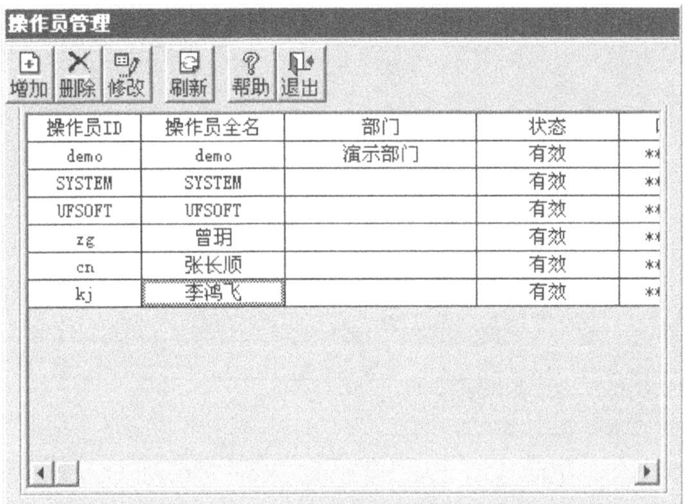

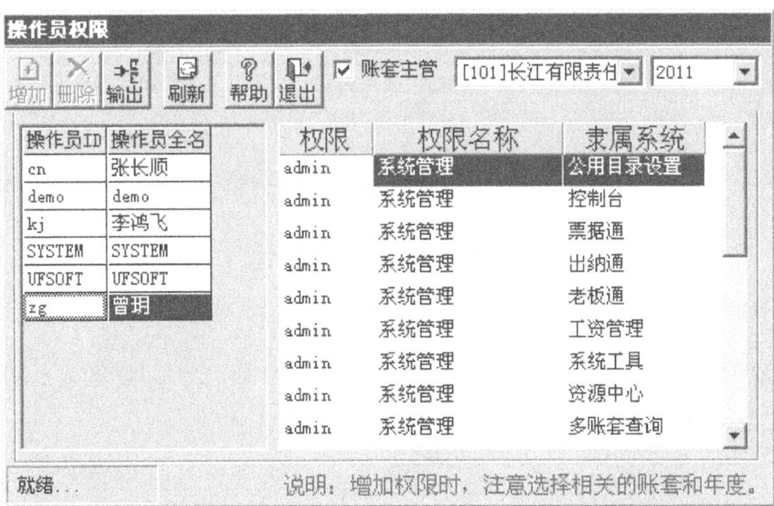

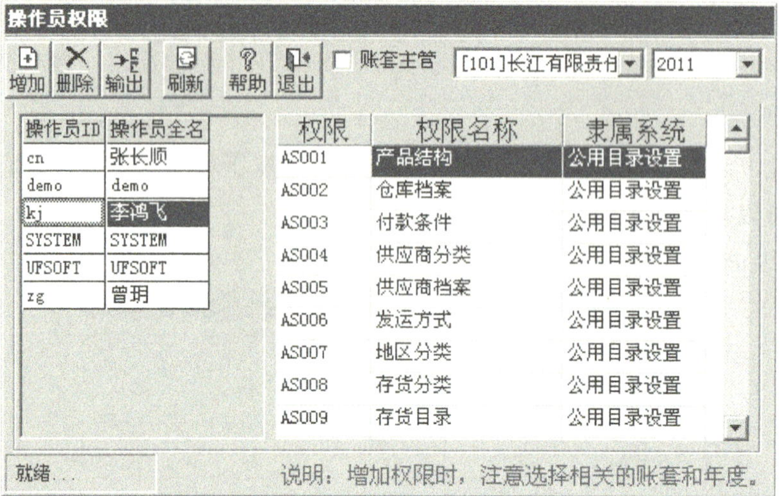

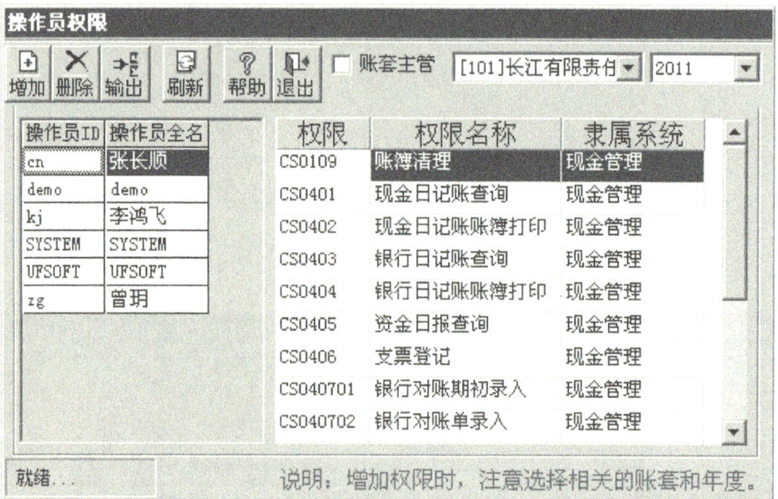

(5) 账套备份输出

每次实训活动结束前，必须进行账套的备份。建议在重要操作结束时，都及时进行账套的备份，以便分段保存操作成果。

① 在硬盘中建立存储账套的文件夹，每次备份文件均需独立保存于各自的文件夹中。如 D：/学生姓名/01 系统管理（总账初始设置完成时，建立存储路径 D：/学生姓名/02 总账初始，以此类推）。

② 系统管理员在【系统管理】中注册后，执行【账套】/【备份】命令(注意：以后备份时仍是系统管理员进行操作，不要由账套主管备份账套!)。

③ 在弹出的【账套备份】对话框中选择所要输出的账套【华宇有限责任公司】，然后单击 确认(O) 按钮。

④ 在弹出的【选择备份目标】对话框中，单击 ▼ 按钮，在打开的下拉列表框中，选择事先设定的磁盘和文件夹。然后单击 确认(O) 按钮。

⑤ 系统备份完成，检查目标文件夹中是否已存有两个相应的备份文件。

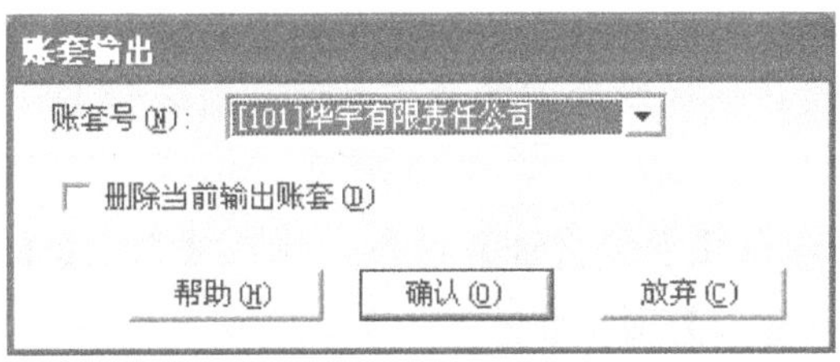

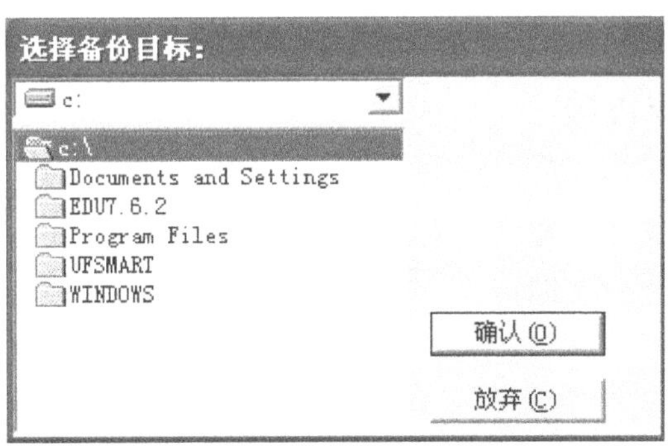

五、知识链接

1. 修改

如果用户对账套初次设置的内容有不满意的地方，可以进行账套的修改，但账套的修改必须在设置了账套主管后，由账套主管操作完成。

操作方法：

① 由账套主管在【系统管理】窗口，执行【系统】/【注册】命令，打开【注册〖系统管理〗】对话框；

② 输入操作员姓名或其代码，输入密码，选择其所主管的账套，单击 确定(O) 按钮；

③ 账套主管登录【系统管理】窗口后，执行【账套】/【修改】命令，即可对已建账套进行修改。

2. 取消主管权限

若想取消某操作员账套主管权限，可参照设置账套主管操作方法，取消【账套主管】的勾选即可。

3. 备份

在实训过程中，通常会由于多种原因导致操作失误或数据丢失，及时进行账套的备份是重要的挽救措施。建议在操作过程中及时进行备份。

六、成果评价

<table>
<tr><td>姓名</td><td colspan="6"></td></tr>
<tr><td>考核内容</td><td colspan="6">能熟练进行系统管理的操作</td></tr>
<tr><td>素质考核</td><td>内容</td><td>分值</td><td>评价标准</td><td>自我评价</td><td>小组评价</td><td>教师评价</td></tr>
<tr><td>日常考核</td><td>出勤、态度、合作</td><td>20</td><td>①迟到早退缺勤一次扣 2 分；
②未完成作业一次扣 5 分</td><td></td><td></td><td></td></tr>
<tr><td>技能考核</td><td>能正确进行系统管理的操作</td><td>80</td><td>错一处扣 2 分</td><td></td><td></td><td></td></tr>
<tr><td colspan="2">合计</td><td colspan="2">100</td><td></td><td></td><td></td></tr>
<tr><td>项目实际得分</td><td colspan="3"></td><td></td><td></td><td></td></tr>
</table>

项目二

总账系统模块的应用

一、项目描述

在企事业单位中，处理会计业务有一套专门的方法，设置账户、复式记账、填制和审核凭证、登记账簿、成本计算、财产清查，最后编制会计报表，并对会计核算结果进行综合分析等。这些方法相互联系，紧密结合，形成一套完整的会计核算体系。为实现计算机管理的需要，将设置账户、复式记账、填制和审核凭证、登记账簿等统称为总账管理。

总账管理是企业会计核算与会计管理的核心内容，是企业会计信息科学化和标准化的关键。总账管理适用于各类企业和行政事业单位，可以完成从建立账簿资料、凭证管理、标准账表到月末处理和辅助管理等会计核算和会计管理的各项工作。

主要任务

① 系统初始化中的定义总账系统启用参数，设置基础档案、会计科目、凭证类别和结算方式，录入期初余额。

② 日常业务处理中的填制凭证、审核凭证、出纳签字、记账、查询各种账证资料。

③ 期末业务处理中的定义并生成转账凭证、结账等。

通过学习能够在了解企业基本状况的情况下，为企业进行所需的各种基础设置。

二、项目分析

① 启用总账系统。

② 建立部门档案。

③ 建立职员档案。

④ 建立客户分类信息及档案。

⑤ 建立供应商分类信息及档案。

⑥ 建立存货分类信息及档案。

⑦ 设置凭证类型。

⑧ 设置会计科目、指定科目。

⑨ 设置客户往来科目。

⑩ 设置供应商往来科目。

⑪ 建立产品项目。

⑫ 输入期初余额，进行试算平衡。

⑬ 设置总账系统参数。

⑭ 日常业务处理：凭证填制、修改、审核、记账；凭证的作废与删除。

⑮ 月末业务处理。

三、操作资料

1. 部门档案

部门编码	部门名称
01	行政部
0101	厂办
0102	财务部
02	生产部
0201	一车间
	一车间
03	市场部
0301	采购部
0302	销售部

2. 职员档案

职员编号	职员姓名	所属部门	职员属性
001	王鹏飞	厂办	管理人员
002	李东升	厂办	管理人员
003	曾玥	财务部	管理人员
004	张长顺	财务部	管理人员
005	李鸿飞	财务部	管理人员
006	杨帆	财务部	管理人员
007	李铭	一车间	生产人员
008	王翠洁	一车间	生产人员
009	曾清玥	一车间	生产人员
010	王长青	一车间	生产人员
011	张一品	一车间	生产人员
012	张辉	一车间	生产人员
013	胡静	一车间	生产人员
014	王力	一车间	生产人员
015	李飞	一车间	生产人员
016	张德君	一车间	生产人员
017	杨柳	采购部	采购人员
018	赵小静	采购部	采购人员
019	王涛	销售部	销售人员
020	李海波	销售部	销售人员

3. 客户分类、供应商分类信息

客户分类		供应商分类	
分类编码	名称	分类编码	名称
01	省内客户	01	原材料供应商
02	省外客户	02	半成品供应商
03	国外客户	03	辅料供应商

4. 客户、供应商档案信息

代码	名称	简称	分类码	往来科目	发展日期	摘要	方向	金额（元）
01	陕西汉江公司	汉江公司	01	应收账款	2010-12-15	销售产品款	借	90000
02	山东宝蓝公司	宝蓝公司	02	应收账款	2010-10-18	销售产品款	借	10000
03	北京长虹公司	长虹公司	02	应收账款	2011-01-10			
01	上海黄河公司	黄河公司	01	应付账款	2010-11-16	采购材料款	贷	150000

5. 存货分类

存货类别编码	存货类别名称
1	原材料
2	产成品
3	劳务费用

6. 存货档案

存货编号（代码）	存货名称	计量单位	所属分类	税率/%	存货属性	启用日期
101	TZ 型合金粉	千克	1	17	销售、外购生产耗用	2011-01-01
201	空压机壳	台	2	17	自制、销售	2011-01-01
301	运费	元	3	7	劳务费用	2011-01-01

7. 凭证类型分类

类别字	类别名称	限制类型	限制科目
收	收款凭证	借方必有	1001,1002
付	付款凭证	贷方必有	1001,1002
转	转账凭证	凭证必无	1001,1002

8. 设置项目大类信息

项目大类名称	项目级数	项目分类	项目目录
产品核算(普通项目)	一级 2 位	分类编码:01 分类名称:产品	项目编号:1; 项目名称:空压机壳; 所属分类码:01;不结算

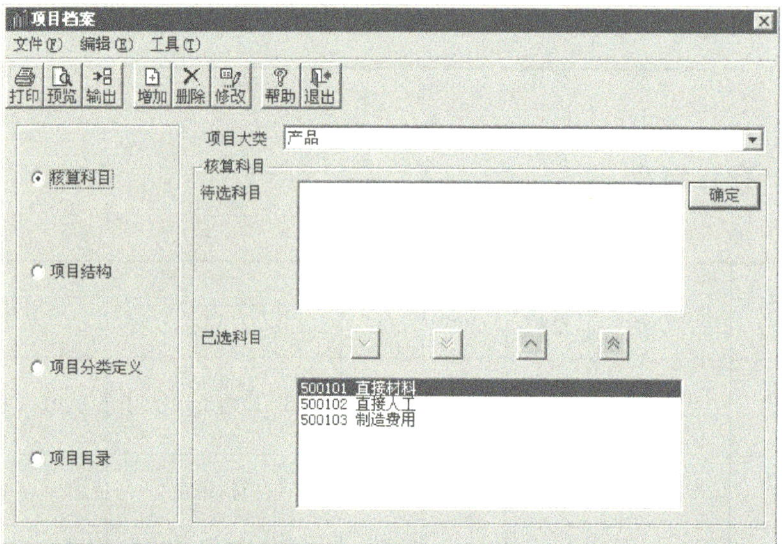

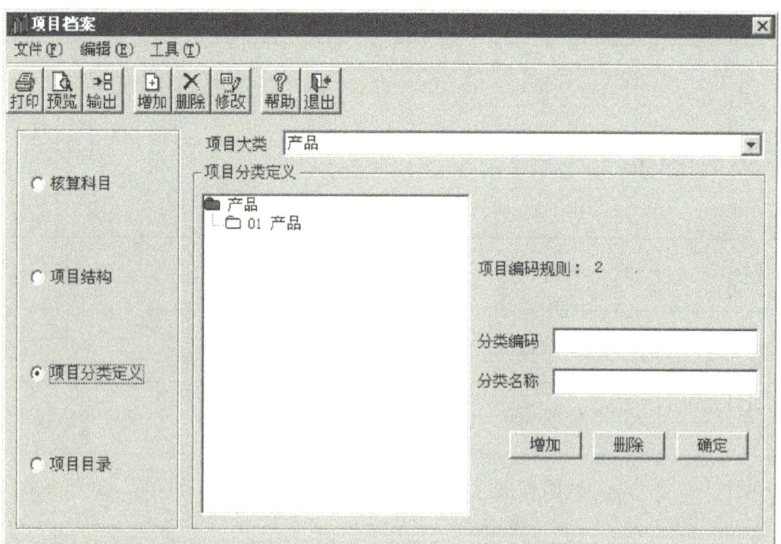

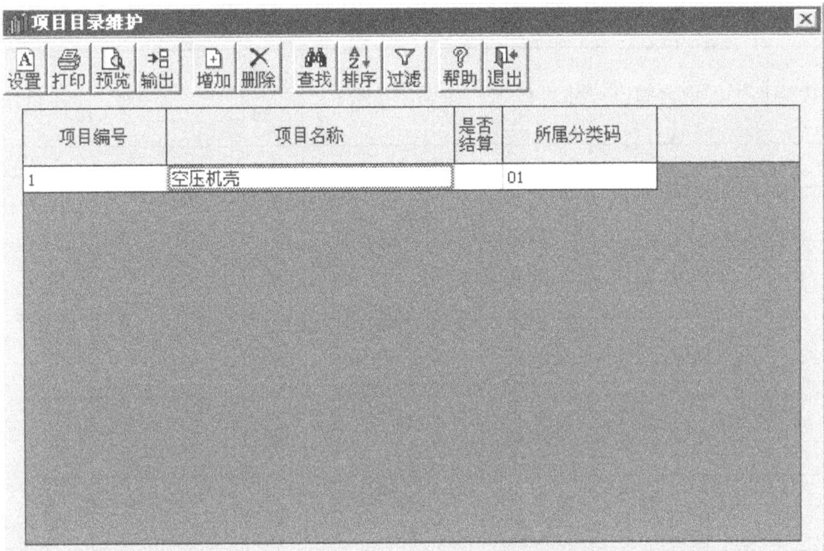

9. 期初余额表

要求

① 增加明细科目，并将明细科目的辅助核算信息设置好。

② 指定科目：为现金总账和银行存款总账指定科目。

将生产成本的明细科目指定为产品核算项目大类的核算科目。

③ 录入期初余额，并进行试算平衡（往来科目和生产成本明细科目的期初余额明细信息见表格后附资料）。

期初余额表

科目代码	科目名称	账页格式	辅助核算	余额方向	金额（元）	备注
1001	库存现金	金额式	日记账	借	4000	
1002	银行存款	金额式		借		
100201	工行存款	金额式	日记账银行账	借	1330000	
100202	建行存款	金额式	日记账银行账	借	44516.78	
100203	中行存款	外币金额	银行账（美元 USD 日记账）	借	99340.5（USD15000）	

续表

科目代码	科目名称	账页格式	辅助核算	余额方向	金额（元）	备注
1122	应收账款	金额式	客户往来（应收系统）	借	100000	
1231	坏账准备	金额式		贷	500	
1221	其他应收款	金额式	个人往来	借		
1402	在途物资	金额式		借		
140201	TZ 型合金粉	金额式		借		
1403	原材料	金额式		借		
140301	原料及主要材料	金额式		借		
14030101	TZ 型合金粉	数量金额式（千克）		借	3000000	100000 千克
1405	库存商品	金额式		借		
140501	空压机壳	数量金额式（台）		借	15000000	1000 台
1601	固定资产	金额式		借		
160101	办公楼	金额式	部门核算	借	1200000	
160102	厂房	金额式	部门核算	借	3000000	
160103	数控机床	金额式	部门核算	借	8000000	
160104	汽车	金额式	部门核算	借	300	000
160105	打印机	金额式	部门核算	借	6000	
160106	电脑	金额式	部门核算	借	20000	

续表

科目代码	科目名称	账页格式	辅助核算	余额方向	金额（元）	备注
1602	累计折旧	金额式		贷	3714105	
1606	固定资产清理	金额式		借		
1701	无形资产	金额式		借		
170101	非专利技术	金额式		借	100000	
1702	累计摊销	金额式		贷	10000	
1901	待处理财产损溢	金额式		借		
190101	待处理流动资产损溢	金额式		借		
2001	短期借款	金额式		贷		
2201	应付票据	金额式		贷		
2202	应付账款	金额式	供应商往来（应付系统）	贷	150000	
2211	应付职工薪酬	金额式		贷		
221101	工资	金额式		贷		
221102	福利费	金额式		贷		
221103	工会经费	金额式		贷		
221104	职工教育经费	金额式		贷		
221105	养老保险金	金额式		贷		
221106	非货币性福利	金额式		贷		

续表

科目代码	科目名称	账页格式	辅助核算	余额方向	金额（元）	备注
2221	应交税费	金额式		贷		
222101	应交增值税	金额式		贷		
22210101	进项税额	金额式		贷		
22210102	已交税金	金额式		贷		
22210103	转出未交增值税	金额式		贷		
22210104	减免税款	金额式		贷		
22210105	销项税额	金额式		贷		
22210106	出口退税	金额式		贷		
22210107	进项税转出	金额式		贷		
22210108	出口抵减内销产品应纳税额	金额式		贷		
22210109	转出多交增值税	金额式		贷		
222102	未交增值税	金额式		贷	50000	
222103	应交营业税	金额式		贷		
222104	应交消费税	金额式		贷		
222105	应交资源税	金额式		贷		
222106	应交所得税	金额式		贷	500000	
222107	应交土地增值税	金额式		贷		

续表

科目代码	科目名称	账页格式	辅助核算	余额方向	金额（元）	备注
222108	应交城市建设维护税	金额式		贷		
222109	应交房产税	金额式		贷		
222110	应交土地使用税	金额式		贷		
222112	应交个人所得税	金额式		贷		
2241	其他应付款	金额式		贷		
224101	海虹公司	金额式		贷		
4001	实收资本	金额式		贷		
400101	秦川机械公司	金额式		贷	20000000	
4002	资本公积	金额式		贷		
400201	资本溢价	金额式		贷	3000000	
4101	盈余公积	金额式		贷		
410101	法定盈余公积	金额式		贷	540000	
410102	任意盈余公积	金额式		贷		
4104	利润分配	金额式		贷		
410401	其他转入	金额式		贷		
410402	提取法定盈余公积	金额式		贷		

续表

科目代码	科目名称	账页格式	辅助核算	余额方向	金额（元）	备注
410403	应付普通股股利	金额式		贷		
410404	转作资本的普通股利	金额式		贷		
410405	未分配利润	金额式		贷	5239252.28	
5001	生产成本	金额式		借		
500101	直接材料	金额式	部门、项目	借	600000	
500102	直接人工	金额式	部门、项目	借	100000	
500103	制造费用	金额式	部门、项目	借	300000	
5101	制造费用	金额式		借		
510101	折旧费	金额式	部门	借		
510102	工资	金额式	部门	借		
6001	主营业务收入	金额式		贷		
6401	主营业务成本	金额式		借		
6051	其他业务收入	金额式		贷		
6402	其他业务成本	金额式		借		
6301	营业外收入	金额式		贷		
6711	营业外支出	金额式		借		
671101	非流动资产处置损失	金额式		借		

续表

科目代码	科目名称	账页格式	辅助核算	余额方向	金额（元）	备注
6403	营业税金及附加	金额式		借		
6601	销售费用	金额式		借		
660101	广告费	金额式		借		
660102	折旧费	金额式		借		
660103	工资	金额式		借		
660104	业务宣传费	金额式		借		
660105	福利费	金额式		借		
660106	工会经费	金额式		借		
660107	职工教育经费	金额式		借		
660108	养老保险金	金额式		借		
6602	管理费用	金额式		借		
660201	办公费	金额式		借		
660202	差旅费	金额式		借		
660203	业务招待费	金额式		借		
660204	工资	金额式		借		
660205	折旧费	金额式		借		

续表

科目代码	科目名称	账页格式	辅助核算	余额方向	金额（元）	备注
660206	非货币性福利	金额式		借		
660207	福利费	金额式		借		
660208	工会经费	金额式		借		
660209	职工教育经费	金额式		借		
660210	养老保险金	金额式		借		
6603	财务费用	金额式		借		
6701	资产减值损失	金额式		借		
6801	所得税费用	金额式		借		

应收期初数据明细资料

“应收账款 1122”科目的期初余额为借方 100000 元。

日期	客户	科目	摘要	金额
2010-12-15	汉江公司	应收账款 1122	期初余额	90000
2010-10-18	宝蓝公司	应收账款 1122	期初余额	10000

应付期初数据明细资料

“应付账款 2202”科目的期初余额为 150000 元。

日期	供应商	科目	摘要	金额
2010-11-16	黄河公司	应付账款 2202	期初余额	150000

生产成本科目明细资料

一车间期初在产品生产成本			
空压机壳	直接材料	直接人工	制造费用
金额（元）	600000	100000	300000
合计（元）	1000000		

10. 本月发生以下业务

① 1 月 4 日，购买办公用品（发票、办公用品发放表）。

陕西省国家税务局通用手工发票

发　票　联

发票代码　114001136201

发票号码　01517226

付款单位：华宇有限责任公司　　　2011 年 1 月 11 日

项　目　内　容	金额 千	百	十	元	角	分	备　注
订书机、计算器、胶带等	¥	2	0	0	0	0	
合计人民币（大写）贰佰元整	¥	2	0	0	0	0	

晋中信利印刷有限公司2011年2月印

第二联　发票联

收款单位名称：　　　　开票人：刘静

收款单位税号：: 140011414034225

办公用品发放表

2011 年 1 月 4 日

领用部门	商品类别	领用数量	金额	领用人签名
行政管理部门	…	…	200.00	李东升
合计	…	…	200.00	

复核：曾玥　　　　制表：李鸿飞

现金支出凭单

附件 1 张　　　　2011 年 1 月 4 日　　　　对方科目编号：

用款事项：购买办公用品			
人民币（大写）贰佰元整		人民币小写 ¥200	
收款人	主管人员	会计人员	出纳员 付讫
（签章）鸿宇物业公司	（签章）曾玥	（签章）李鸿飞	（签章）张长顺

现金付讫

② 1 月 4 日，提取现金（现金支票存根）。

中国工商银行支票存根（晋）

No.10113503

附加信息

出票日期：2011 年 1 月 4 日

收款人：华宇有限责任公司
金　额：200
用　途：购买办公用品

单位主管　　会计

③ 1 月 5 日，李东升借款（借款单）。

借款单

2011 年 1 月 5 日　　　　NO. 0031

部门	厂办	借款人	李东升
借款金额	金额（大写）玖佰元整		¥900.00
借款事由	公出开会		
领导审批	王鹏飞　财务主管	曾玥	借款人签字　李东升

华宇有限责任公司 财务专用章

现金付讫

④ 1 月 5 日，支付业务招待费（发票报销单、发票）。

山西省餐饮业服务业定额发票

发 票 联

查询电话：12345678　　　地 税 监

查询号码：25458455

人民币金额　贰佰元

收款单位(盖章)

开票日期：2011 年 1 月

⑤ 1 月 5 日，通过交通银行交纳上月增值税、所得税（缴款书）。

交通银行 BANK OF COMMUNICATIONS　　电子缴税付款凭证

转账日期：2011 年 12 月 8 日

付款人全称：华宇有限责任公司			
纳税人全称：华宇有限责任公司			
付款人账号：14100061401817016		征收机关：太原市小店区国税局	
付款人开户银行：交通银行高新区支行		收款国库(银行)：交通银行太原高新区支行	
小写（合计）金额：￥36164.60		缴款书交易流水：2011241613471965	
大写（合计）金额：叁万陆仟壹佰陆拾肆元陆角整		税票号码：400-200058904866	
税种名称	所属日期起	所属日期止	税种金额
增值税	2009 年 12 月 1 日	2009 年 12 月 31 日	

打印时间：2011-12-08

⑥ 1 月 6 日，收到销售商品款（进账单）。

中国工商银行进账单（收账通知）　3

2011 年 1 月 06 日　　　　第　　号

付款人	全　称	太原家俱城新装有限责任公司	收款人	全　称	太原市华宇有限责任公司
	账　号	028-015-000146		账号或地址	998895819
	开户银行	招商银行学府街支行		开户银行	陕西西安工商分局分行雁翔路营业部

人民币（大写）：叁拾万叁仟零叁拾元整	千	百	十	万	千	百	十	元	角	分
		¥	3	0	3	0	3	0	0	0

票据种类	支票	
票据号码	25341	
票据张数		
单位主管　会计　复核　记账		收款人开户银行盖章：

中国工商银行西安市分行 高新支行 2011.12.01 (12)

此联是收款人开户银行交给收款人的收账通知

⑦ 1 月 7 日，支付广告费（发票、支票）。

陕西省国家税务局通用手工发票

发票联

发票代码 114001147826

发票号码 01515226

付款单位：华宇有限责任公司　　2011 年 1 月 6 日

项目内容	千	百	十	元	角	分	备注
家俱展览展位费	3	0	0	0	0	0	
合计人民币（大写）叁仟元整	3	0	0	0	0	0	

收款单位名称：太原国博会展有限公司　　开票人：刘静　　收款单位税号:140011414025463

晋中信利印刷有限公司2011年2月印

第二联 发票联

太原国博会展有限公司 140011414025463 发票专用章

中国工商银行支票存根（晋）
No.10113503
附加信息
出票日期：2011 年 1 月 7 日
收款人：太原国博会展有限公司
金　额：3000
用　途：广告费
£ 29200045493₩

⑧ 1 月 8 日，为职工租房（房屋租赁合同，支付凭证）。

关于为李东升提供租赁房的决定

各部门：为提高厂办高级管理人员福利待遇，经研究决定对厂办高级管理人员李东升、提供租赁房一套。

具体决定如下：

从 2011 年 1 月起提供租赁住房一套，期限 10 个月。住房标准：面积 $120m^2$ ～ $150m^2$，月租金 1200～1500 元人民币。

华宇有限责任公司

华宇有限责任公司

2011 年 1 月 7 日

房屋租赁合同

第一条　乙方租用甲方坐落在长安区长安花园小区 8 栋 602 室，建筑面积 131 平方米，作为住宿用，租期 10 个月，自 2011 年 1 月 8 日开始计算。

第二条　租赁期限内房屋租金为 1400 元人民币/月。甲方于 2011 年 1 月 8 日将房屋钥匙交乙方使用，本月房租按满月计算，乙方于每月月初支付本月房租，其中本月房租按照满月计算。

鸿宇物业公司　　华宇有限责任公司

甲方（盖章）：鸿宇物业公司　　乙方（盖章）：华宇有限责任公司

2011 年 1 月 8 日

现金支出凭单

附件 1 张　　　　　　　2011 年 12 月 8 日　　　　　　　对方科目编号：

用款事项：	为管理人员李东升租赁房屋一套
人民币（大写）	壹仟肆佰元整　　　　　　　　¥1400
收款人（签章）鸿宇物业公司	主管人员（签章）曾玥　　会计人员（签章）李鸿飞　　出纳员（签章）张长顺

现金付讫

⑨ 1月8日，向上海黄河公司订货一批，商品为 TZ 型合金粉，数量为 23100 千克，单价为 30 元，运费黄河公司垫付，货款暂时未支付。收到货后发现数量短缺 100 千克，经确认为合理损耗（增值税专用发票，运费发票，入库单，材料损耗报告单）。

1400114140　　**山西增值税专用发票**

No.006292

此联不做报销、扣税凭证使用　　　　开票日期：2011 年 12 月 08 日

购货单位	名　称：上海黄河公司 纳税人识别号：140011414027650 地址、电话：临汾市尧都区解放东路挂甲庄 1 号 开户行及账号山西分行临汾尧都支行 035-010141			密码区	3<>20-3+8+7<+5-2+487 加密版号： 4<+5216++25-456454*44-4454>565546666663 1<12/5++44555*45-54554/5454/05666666666 0>45656487kljjn2353jkkkjkj66+6>54545454	
商品或劳务名称	计量单位	数量	单价	金额	税率（%）	税额
T2 型合金粉	千克	23100	30	693000	17	117810
合　计						
价税合计（大写）	捌拾壹万零捌佰壹拾元整				（小写）¥810810	
销售单位	名　称：华宇有限责任公司 纳税人识别号：140011414054321 地址、电话：陕西省西安市雁翔路 88 号 开户行及账号：陕西西安工商分行雁翔路营业部 998895819			备注		

第三联　记账联　销货方记账凭证

收款人：董洁　　复核　王秀芹　　开票人 周改兰　　销货单位(章)

大秦铁路股份有限公司 142122581204402X 发票专用章

山西省地方税务局通用机打发票

发 票 联

发票代码 21401131478
发票号码 01887741

日期：2011 年 1 月 08 日　　行业分类：交通运输业　　防伪码：05214746312320634218

晋中信利印刷有限公司2011年2月印30000份(930000*5)

机打代码	214011131478	机打号码	01887741		
付款单位名称	华宇有限责任公司				
项　目	单位	单价	数量	金额	
运　输					备注：
合　计	（大写）陆仟元整		¥6000.00		
收款方（章）	大秦铁路有限公司		纳税人识别号	140122581232166-X	

全国统一发票监制章　山西省太原市　地方税务局监制

第一联　发票联（购货单位付款凭证）手开无效

开票人　李刚　　　　收款人：李刚

收 料 单

2011 年 1 月 9 日　　　　字第　　号

来料单位：上海黄河公司　　发票：　　号　　年　月　日收到

编号	材料名称	规格	送检数量	实收数量	单位	单价	金额 十	万	千	百	十	元	角	分	备注
	T2 型合金粉	kg	23100	23000	kg	30	8	1	0	8	1	0	0	0	
验收人签章：					合　计		8	1	0	8	1	0	0	0	

③会计

会计　　出纳　　复核　　记账　　制单

材料损耗报告单

2011 年 1 月 9 日

材料名称	单位	损耗数量	单价	金额	损耗原因	处理意见
TZ 型合金粉	kg	100	30	3000.00	合理损耗	计入材料成本
合计		100	30	3000.00		

财务：杨帆　　审批：曾玥　　主管：陈伟　　保管：李丹　　制单：李丹

⑩ 1月9日，北京长虹公司订购空压机壳200台，单价18000元（不含税），长虹公司代垫运费，给予现金折扣，折扣条件为2/10，1/20，N/30（计算现金折扣时不考虑增值税和代垫运杂费）（增值税专用发票，支付运费的转账支票存根，出库单）。

1400114140　　**山西增值税专用发票**　　No.006292

此联不做报销、扣税凭证使用　　开票日期：2011 年 12 月 08 日

购货单位	名　称：北京长虹公司 纳税人识别号：140011414027650 地 址、电 话：临汾市尧都区解放东路挂甲庄 1 号 开户行及账号：山西分行临汾尧都支行035-010141	密码区	3<>20-3+8-7<+5-2+487 加密版号： 4<+5216++25-456454*44-4454>565546666663 1<12/5++44555*45-54554/5454/05666666666 6>45656487kljjn2353jkkkjkj66+6>54545454

商品或劳务名称	计量单位	数量	单价	金　额	税率（%）	税　额
空压机壳	台	200	18000	3600000	17	612000
价税合计（大写）	肆佰贰拾壹万贰仟元整				（小写）￥4212000	

销售单位	名　称：华宇有限责任公司 纳税人识别号：140011414054321 地 址、电 话：陕西西安市分行雁翔路营业部 开户行及账号：工商银行雁翔路分行 998895819	备注	

收款人：董洁　　复核　王秀芹　　开票人　周改兰　　销货单位（章）

第三联　记账联　销货方记账凭证

山西省地方税务局通用机打发票

发票联

发票代码　21401131478

发票号码　01887741

日期：2011 年 12 月 06 日　　行业分类：交通运输业　　防伪码：05214746312320634218

机打代码	214011131478	机打号码	01887741	
付款单位名称	华宇有限责任公司			
项　目	单位	单价	数量	金额
运输				备注：
合　计	（大写）陆仟元整		￥6000.00	
收款方（章）	大秦铁路有限公司	纳税人识别号	140122581232166-X	

开票人　李刚　　收款人：李刚

第一联　发票联（购货单位付款凭证）手开无效

晋中信利印刷有限公司2011年2月印300000份(930000*5)

中国工商银行支票存根（晋）

No.10113503

附加信息

出票日期2011年01月09日

收款人：大秦铁路股份有限公司

金　额：6000

用　途：代垫运费

₤29200045493₩

出　库　单

提货部门：　　　　2011　年01月09日　　　　NO.

产品			单位	数量	单价	成本总额											产品明细账		说明
编号	名称	规格				亿	千	百	十	万	千	百	十	元	角	分	页	号	
	空压机壳		台	200	18000		¥	4	2	1	2	0	0	0	0	0			

第三联　记账

仓库保管　　　　记账　　　　提货人

⑪ 1月10日，结转已销售商品成本。

主要业务成本计算表

2011 年 12 月 31 日

产品名称	销售数量	单位成本	销售总成本
空压机壳	200	18000	3600000
合　计			

制表　　　　　　　　　　　　　　　　审核

⑫ 1 月 13 日，收到北京长虹公司偿付货款（进账单）。

中国工商银行**进账单**（收账通知）　　　3

2011 年 12 月 01 日　　　　　　　　　第　　号

付款人	全　称	北京长虹公司	收款人	全　称	华宇有限责任公司									
	账　号	028-015-000146		账号或地址	998895819									
	开户银行	招商银行学府街支行		开户银行	陕西西安市分行雁翔路营业部									
人民币（大写）：肆佰贰拾壹万贰千元整					千	百	十	万	千	百	十	元	角	分
					¥	4	2	1	2	0	0	0	0	0
票据种类	支票			收款人开户银行盖章：中国工商银行西安市分行 高新支行 2011.12.01 (12)										

此联是收款人开户银行交给收款人的收账通知

⑬ 1 月 14 日，一车间生产空压机壳领料，采用加权平均法计算发出材料成本（领料单）。

______字第__________号

领料部门____________

领 料 单

No. 00238

生产通知单号别_______

2011 年 1 月 14 日

<table>
<tr><td colspan="7">制品名称：　　　　制造数量：</td><td colspan="9">领料用途：</td></tr>
<tr><td rowspan="2">编号</td><td rowspan="2">品　名</td><td rowspan="2">规格</td><td rowspan="2">单位</td><td rowspan="2">请领数量</td><td rowspan="2">实发数量</td><td rowspan="2">单价</td><td colspan="8">金　额</td><td rowspan="2">备注</td></tr>
<tr><td>十</td><td>万</td><td>千</td><td>百</td><td>十</td><td>元</td><td>角</td><td>分</td></tr>
<tr><td></td><td>TZ 型合金粉</td><td></td><td>kg</td><td>60000</td><td>60000</td><td></td><td></td><td></td><td></td><td></td><td></td><td></td><td></td><td></td><td></td></tr>
<tr><td></td><td></td><td></td><td></td><td></td><td></td><td></td><td></td><td></td><td></td><td></td><td></td><td></td><td></td><td></td><td></td></tr>
<tr><td></td><td></td><td></td><td></td><td></td><td></td><td></td><td></td><td></td><td></td><td></td><td></td><td></td><td></td><td></td><td></td></tr>
<tr><td></td><td></td><td></td><td></td><td></td><td></td><td></td><td></td><td></td><td></td><td></td><td></td><td></td><td></td><td></td><td></td></tr>
<tr><td></td><td></td><td></td><td></td><td></td><td></td><td></td><td></td><td></td><td></td><td></td><td></td><td></td><td></td><td></td><td></td></tr>
<tr><td colspan="5">附件：　　　　张</td><td colspan="2">合　计</td><td></td><td></td><td></td><td></td><td></td><td></td><td></td><td></td><td></td></tr>
</table>

第二联　交会计部门

主管　　会计　　记账　　发料　　领料　　制单

发料成本计算表

材料名称：TZ 型合金粉　　2011 年 1　月 14 日　　单位：千克

<table>
<tr><td colspan="2">2011 年</td><td rowspan="2">摘要</td><td colspan="3">收料</td><td colspan="3">发料</td><td colspan="3">结存</td></tr>
<tr><td>月</td><td>日</td><td>数量</td><td>单价</td><td>金额</td><td>数量</td><td>单价</td><td>金额</td><td>数量</td><td>单价</td><td>金额</td></tr>
<tr><td>1</td><td>1</td><td>期初</td><td></td><td></td><td></td><td></td><td></td><td></td><td>100000</td><td></td><td>3000000</td></tr>
<tr><td>1</td><td>9</td><td>购进</td><td>23000</td><td></td><td>702300</td><td></td><td></td><td></td><td>123000</td><td></td><td>3702300</td></tr>
<tr><td>1</td><td>14</td><td>发出</td><td></td><td></td><td></td><td>60000</td><td></td><td></td><td>63000</td><td></td><td></td></tr>
</table>

财务主管：曾玥　　　　制单：杨帆

⑭ 1月18日，厂办李东升出差报销差旅费（公司规定：出差期间市内交通费每天补贴20元，伙食补贴每天50元，且均按自然天数计算。住宿费按实际住宿天数计算，每天定额120元，以发票为据报销，超标准部分不予报销。坐普快者，除据实报销火车票外，另按单程普快票价的60%补助）（差旅费报销单，住宿发票，车票，交回现金时的收据）。

出差报销单

单位名称：　　　　　　　　　　　　　　填报日期：　2011年　1月　18日

姓　名	李东升	出差地点	运城、长治、临汾	出差日期	自：12月　02日 至：12月　06日
出差事由	推销				
发生费用	交通费	住宿费	伙食补贴	其　他	合　计
	1900.00	920.00	750.00	2110.00	5680.00
合　计	人民币（大写）伍仟陆佰捌拾元整				（小写）￥5680.00
预借金额	￥6000.00	应退金额	320.00	应补金额	

批准人：董超　　　审核人：王秀琴　　　部门主管：张杰　　　出差人：张涛

176A038316　　　　　　K878次　　　　　　西安 售

西安　　　　　　　　　　　　　　　　　汉　中

Xian　　　　　　　　　　　　　　　　　Han zhong

2011年1月5日 15:28 开　　　　　　　　12车012号

￥73.00元　　　　　　　　　　　　　　普快

限乘当日当次车

468440001403280J033592

陕西省汉中南定额专用发票

发 票 联

发票代码：261111005859

发票号码：00256556

报销凭证

客户名称：

金额： 贰佰元

¥200.00

此票适用于汉中市境内从事企事业、旅店业、代购业、娱乐业、其他服务业的单位和个人

收款单位(未盖章无效) 开票日期： 年 月 日

现金收入凭单

附件 18 张　　2011 年 1 月 18 日　　对方科目编号：

款 项

来 源：退回多余预借差旅费

人民币

(大写) 叁佰贰拾元整　　¥320.00

现金收讫

交款人	主管人员	会计人员	出纳员收讫
(签章)李东升	(签章)曾玥	(签章)李鸿飞	(签章)张长顺

⑮ 1 月 19 日，支付银行业务手续费 100 元（支付凭证）。

中国工商银行

业 务 收 费 凭 证

币种：人民币　　2011 年 01 月 19 日　　流水账：71983610003000119

付款人			账号		
项目名称	工本费	手续费	电子汇划费		金 额
	0.00	100	0.00		RMB100.00
金额(大写) 人民币壹佰元整					RMB100.00
付款方式	现金				
业务类型：对公收费					
通兑手续费(按笔)					

中国工商银行雁翔路支行 2011.01.09 办讫

⑯ 1 月 20 日，向银行借款（借款合同，借款凭证）。

中国工商银行短期借款合同

合同单位：

中国工商银行西安市支行（以下简称贷款方）华宇有限责任公司（以下简称借款方）为明确各自责任，严守合同，特签订本合同，双方共同信守。

一、贷款种类：工业企业流动资金借款

二、借款金额：伍拾万元整

三、借款用途：采购原材料

四、借款利率：月利率为千分之六，按季结息付息，最后还本。

五、借款期限：借款自二〇一一年元月二十一日到二〇一一年九月二十一日止。

六、还款资金来源主营业务收入。

七、还款方式：转账

八、违约责任：（略）

本合同经双方签字后生效，贷款本息全部偿付后失效。

本合同一式二份，贷款方、借款方各执一份，合同副本四份，报送有关单位各留存一份。

贷款方：中国工商银行西安市支行　　　　借款方：长江有限责任公司

法人代表：袁　凯　　　　法人代表：王鹏飞

中国工商银行西安市支行　　　　华宇有限责任公司

2011 年 1 月 21 日　　　　2011 年 1 月 21 日

质押

中国工商银行（ 贷款）借款凭证（回 单）

单位编号：124561　　　　2011 年 1 月 20 日　　　　银行编号：674538

收款单位	名称	华宇有限责任公司	借款单位	名称	华宇有限责任公司
	往来户账号	998895819		放款户账号	998895819
	开户银行	工商银行雁翔路营业部		开户银行	工商银行雁翔路营业部

贷款种类	流动资金借款	利率	6%	起息日期	2011/12/1	还款日期	2012 年 12 月 1 日

借款申请金额	货币及金额（大写）RMB 伍拾万元整	千	百	十	万	千	百	十	元	角	分
			¥	5	0	0	0	0	0	0	0
借款原因及用途	周转										

备注：	期限	计划还款日期	计划还款金额
	上述借款业已同意带给并转入你单位往来户账借款到期时按期归还。 此致 (银行盖章) 2011 年 1月 20日		

中国工商银行西安市分行 高新支行 2011.12.01 (12)

⑰ 1 月 22 日，支付会展业务宣传费 3000 元（发票，转账支票存根）。

山西省国家税务局通用手工发票

发 票 联　　　　**发票代码** 114001147826　**发票号码** 01515226

付款单位：华宇有限责任公司　　　　2011 年 12 月 11 日

项目内容	千	百	十	元	角	分	备注
家俱展览展位费	3	0	0	0	0	0	
合计人民币（大写）叁仟元整	3	0	0	0	0	0	

收款单位名称：陕西国博会展有限公司　　开票人：刘静　　收款单位税号:140011414025463

西安国博会展有限公司 140011414025463 发票专用章

第二联 发票联

晋中信利印刷有限公司2011年2月印

中国工商银行转账支票存根（陕）

ⅨⅡ20101213

附加信息

出票日期 2011 年 1 月 22 日

收款人：西安会展中心
金　额：￥3000.00
用　途：产品展览业务宣传费
备　注：

单位主管：曾玥　会计：李鸿飞

⑱ 1 月 23 日，向上海黄河公司订货一批，商品为 TZ 型合金粉，数量为 23100 千克，单价为 30 元，运费黄河公司垫付，货物尚未入库，货款已支付（增值税专用发票，运费发票，支票存根）。

1400114140　　山西增值税专用发票　　No.006292

此联不做报销、扣税凭证使用　　开票日期：2011 年 12 月 08 日

购货单位	名称：上海黄河公司 纳税人识别号：140011414027650 地址、电话：临汾市尧都区解放东路挂甲庄 1 号 开户行及账号山西分行临汾尧都支行 035-010141			密码区	3<>20-3+8=7<+5-2+487 加密版号： 4<+5216++25-456454*44-4454>565546666663 1<12/5++44555*45-54554/5454/05666666666 6>45656487kljjn2353jkkkjkj66+6>54545454	
商品或劳务名称	计量单位	数量	单价	金额	税率（%）	税额
T2 型合金粉	千克	23100	30	693000	17	117810
价税合计（大写）	捌拾壹万零捌佰壹拾元整				（小写）￥810810.00	
销售单位	名称：华宇有限责任公司 纳税人识别号：140011414054321 地址、电话：陕西省西安市雁翔路 88 号 开户行及账号：工商银行雁翔路营业部			备注		

第三联　记账联　销货方记账凭证

收款人：董洁　　复核　王秀芹　　开票人　周改兰　　销货单位(章)

山西省地方税务局通用机打发票

发 票 联

发票代码 21401131478

发票号码 01887741

日期：2011 年 12 月 06 日　　行业分类：交通运输业　　防伪码：05214746312320634218

机打代码	214011131478	机打号码	01887741	
付款单位名称	太原华宇有限责任公司			
项　目	单位	单价	数量	金额
运输				备注：
合　计	（大写）陆仟元整		￥6000.00	
收款方（章）	大秦铁路有限公司		纳税人识别号	140122581232166-X

开票人　李刚　　　　收款人：李刚

（印章：大秦铁路股份有限公司 142122581204O2X 发票专用章）

晋中信利印刷有限公司2011年2月印300000份(9300000*5)

第一联 发票联（购货单位付款凭证）手开无效

中国工商银行转账支票存根（陕）

Ⅸ Ⅱ20101213

附加信息

出票日期 2011 年 1 月 23 日

收款人：华宇有限责任公司

金　额：￥6000.00

用　途：货款

备　注：

单位主管：曾玥　会计：李鸿飞

⑲ 1 月 25 日，货物入库（入库单）。

收 料 单

2011 年 1 月 25 日　　　　字第　　号

来料单位：			发票：　　号			年　月　日收到									
编号	材料名称	规格	送检数量	实收数量	单位	单价	金额								备注
							十	万	千	百	十	元	角	分	
	TZ 型合金粉		23100	23100	kg	30	6	9	3	0	0	0	0	0	
验收人签章					合计		6	9	3	0	0	0	0	0	

会计　　出纳　　复核　　记账　　制单

③ 会计

⑳ 1 月 26 日，北京长虹公司订购空压机壳 200 台，单价 18000 元（不含税），长江公司代垫运费，商品已发出，收到货款。同时结转已销售产品成本（增值税专用发票，支付运费的转账支票存根，进账单，出库单）。

1400114140　　**山西增值税专用发票**　　No.006292

此联不做报销，扣税凭证使用　　开票日期：2011 年 12 月 08 日

购货单位	名　　称：北京长虹公司 纳税人识别号：140011414027650 地 址、电 话：临汾市尧都区解放东路挂甲庄1号 开户行及账号：北京朝阳路支行035-010141			密码区	3<>20-3+8=7<+5-2+487 加密版号： 4<+5216++25-456454*44-4454>565546666663 1<12/5++44555*45-54554/5454/05666666666 6>45656487kljjn2353jkkkjkj66+6>54545454	
商品或劳务名称	计量单位	数量	单价	金　额	税率（%）	税　额
空压机壳	台	200	18000	3600000.00	17	612000.00
价税合计（大写）	肆佰贰拾壹万贰仟元整				（小写）￥4212000	
销售单位	名　　称：华宇有限责任公司 纳税人识别号：140011414054321 地 址、电 话：陕西西安市雁翔路88号 开户行及账号：工商银行雁翔路营业部 998895819			备注		

收款人：董洁　　复核　王秀芹　　开票人 周改兰　　销货单位（章）

第三联 记账联 销货方记账凭证

山西省地方税务局通用机打发票

发 票 联

发票代码 21401131478
发票号码 01887741

日期：2011 年 12 月 26 日　　行业分类：交通运输业　　防伪码：05214746312320634218

晋中信利印刷有限公司2011年2月印300000份(930000*5)

机打代码	214011131478	机打号码	01887741	
付款单位名称	华宇有限责任公司			
项　目	单位	单价	数量	金额
运输				
合　计	（大写）陆仟元整		¥6000.00	
收款方（章）	大秦铁路有限公司	纳税人识别号	140122581232166-X	

备注：

大秦铁路股份有限公司 142122581204402X 发票专用章

开票人　李刚　　　　收款人：李刚

第一联　发票联（购货单位付款凭证）手开无效

中国工商银行转账支票存根（陕）

ⅨⅡ20101213

附加信息

出票日期 2011 年 1 月 26 日

收款人：大秦铁路有限公司
金　额：¥6000.00
用　途：运费
备　注：

单位主管：曾玥　会计：李鸿飞

中国工商银行进账单（收账通知）　3

2011 年 1 月 26 日　　　　第　　号

付款人	全　称	北京长虹公司	收款人	全　称	华宇有限责任公司
	账　号	028-015-000146		账号或地址	0056-002326
	开户银行	招商银行学府街支行		开户银行	工商银行高新支行 0056-002326

人民币（大写）：叁拾万玖仟零叁拾元整	千	百	十	万	千	百	十	元	角	分
		¥	3	0	9	0	3	0	0	0

票据种类	支票	收款人开户银行盖章

中国工商银行西安市分行 高新支行 2011.12.01 (12)

此联是收款人开户银行交给收款人的收账通知

出 库 单

提货部门：　　　　　　年　　　月　　　日　　　　NO.

产品			单位	数量	单价	成本总额								产品明细账		说明
编号	名称	规格				十	万	千	百	十	元	角	分	页	号	
	空压机壳		台	200	18000	3	6	0	0	0	0	0	0			

第三联 记账

仓库保管　　　　　　记账　　　　　　提货人

㉑ 1月28日，法定盈余公积金转增资本金（股东会决议书）。

股东会决议

华宇有限责任公司股东于2011年1月25日在公司会议室召开了股东会全体会议。本次股东会会议于2011年1月3日通知全体股东到会参加会议，符合《公司法》及公司章程的有关规定。

出席会议的股东合计持有公司100%的股权，会议合法有效，由公司王鹏飞主持。会议就公司下一步经营发展事宜，全体股东一致同意如下决议：

1. 将法定盈余公积金100000元转增资本金

....

华宇有限责任公司

2011年1月28日

㉒ 1月31日，将本月“制造费用”账户的发生额转入“生产成本”账户，并审核记账。1月31日，结转完工产品成本。原材料在生产开始时一次投入，在产品完工程度按50%计算。

㉓ 1月31日，通过自定义转账分录转出本月未交增值税，并审核记账。

㉔ 1月31日，通过机制凭证进行期末结汇。

㉕ 1月31日，期末使用系统自动结转期间损益，并审核记账。

㉖ 1月31日，通过自定义转账分录计算当期所得税费用。

㉗ 1月31日，通过自定义结转将“所得税费用”转入“本年利润”，并审核记账。

四、操作程序

1. 启动总账系统

① 在系统桌面双击【畅捷通 T3-企业管理信息化软件教育专版】图标，系统弹出【注册［控制台］】。

② 在打开的【注册［控制台］】对话框，选择自己的账套号（如101），操作员选择账套主管，输入密码，单击【确定】按钮，系统弹出【期初档案录入】对话框。

2. 建立部门档案

① 在【期初档案录入】对话框中，单击【部门档案】图标，进入【部门档案】界面。

② 单击【增加】按钮，输入部门编码、部门名称和部门属性等档案内容。其中的负责人因尚未建立个人档案，可不输入，单击【保存】按钮。在【部门档案】对话框的左边列表中将显示新建的部门

目录。

③ 重复执行步骤②，进行其他部门档案的建立。

④ 全部的部门档案输入完毕后，单击【退出】。

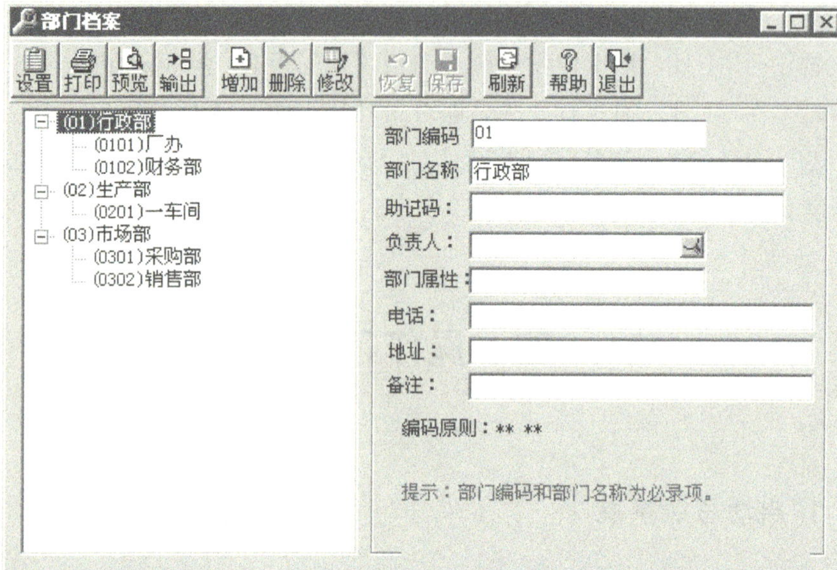

3. 建立职员档案

① 在【期初档案录入】界面单击【职员档案】图标，进入【职员档案】界面。

② 在“职员编号”、“职员姓名”、“所属部门”等栏目中输入档案内容，每输完一项内容后，按回车键确认。

③ 一个职员档案内容输入完毕后，按回车键或单击【增加】按钮，直至在窗口中显示出一行空白行，上一行数据则输入系统中。

④ 全部职员档案输入完毕后，单击【退出】按钮返回。

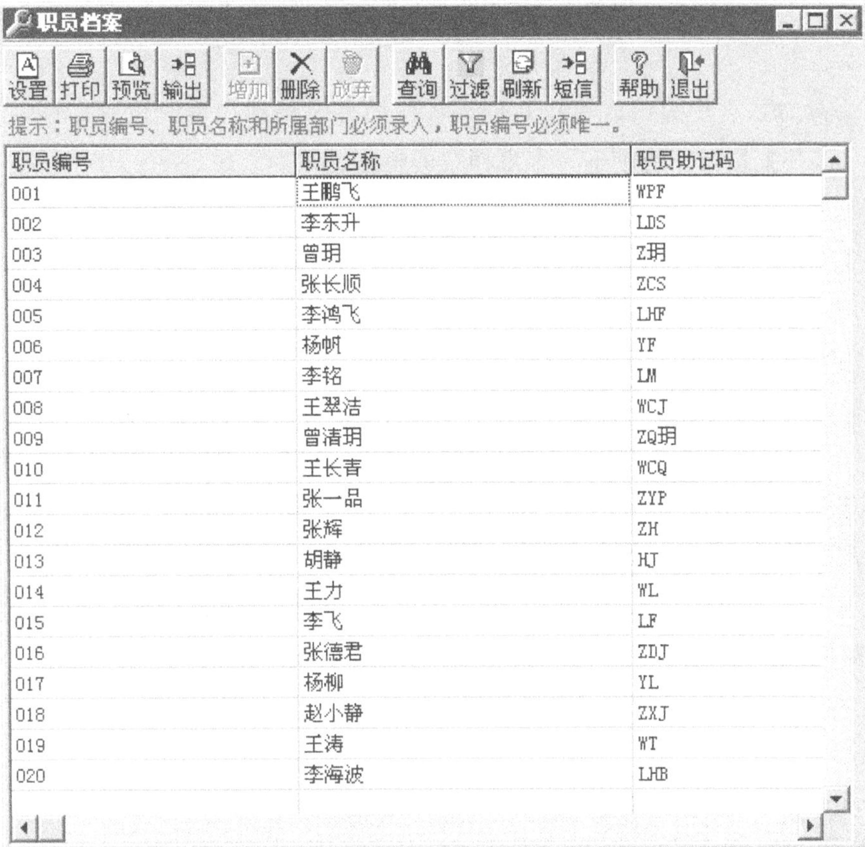

职员编号	职员名称	职员助记码
001	王鹏飞	WPF
002	李东升	LDS
003	曾玥	Z玥
004	张长顺	ZCS
005	李鸿飞	LHF
006	杨帆	YF
007	李铭	LM
008	王翠洁	WCJ
009	曾清玥	ZQ玥
010	王长青	WCQ
011	张一品	ZYP
012	张辉	ZH
013	胡静	HJ
014	王力	WL
015	李飞	LF
016	张德君	ZDJ
017	杨柳	YL
018	赵小静	ZXJ
019	王涛	WT
020	李海波	LHB

4. 建立客户分类与档案

① 在【期初档案录入】界面，单击【客户分类】图标，打开【客户分类】窗口。

② 单击【增加】按钮，输入类别编码和类别名称，然后单击【保存】按钮。

③ 重复步骤②，继续输入其他客户分类，全部输入完毕后，单击【退出】按钮。

④ 在【期初档案录入】界面，单击【客户档案】图标，打开【客户分类】窗口。

⑤ 在【客户分类】对话框左边列表中显示有已设置的客户分类，选

择客户所在的地区，然后单击【增加】按钮，打开【客户档案卡片】对话框。

⑥ 输入客户编码、客户名称、客户简称等档案内容，设置完毕，单击【保存】按钮，继续下一客户档案的输入。

⑦ 重复步骤⑤～⑥，继续输入其他客户档案，全部输入完毕后，单击【退出】按钮返回。

5. 建立供应商分类与档案

① 在【期初档案录入】界面，单击【供应商分类】图标，打开【供应商分类】窗口。按上述客户分类设置方法输入供应商分类数据。

② 在【期初档案录入】界面，单击【供应商档案】图标，打开【供应商档案】窗口。

③ 参照上述客户档案设置方法输入供应商档案内容。

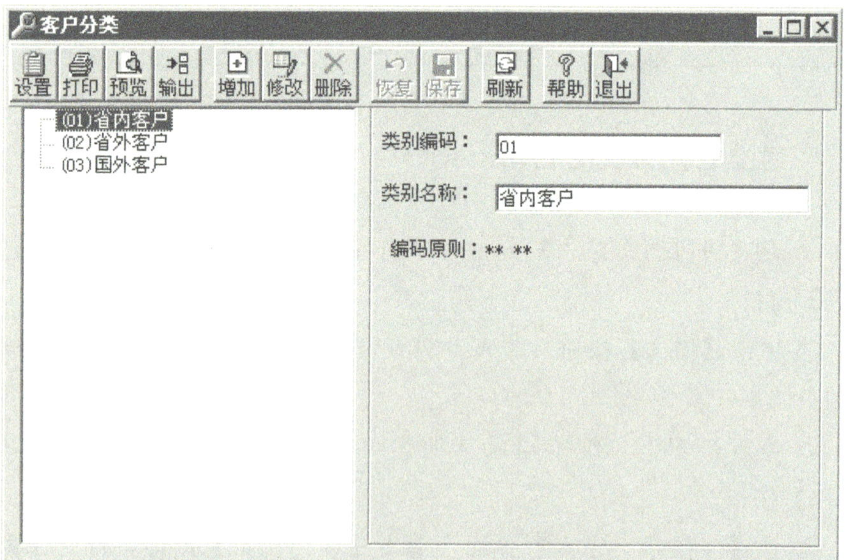

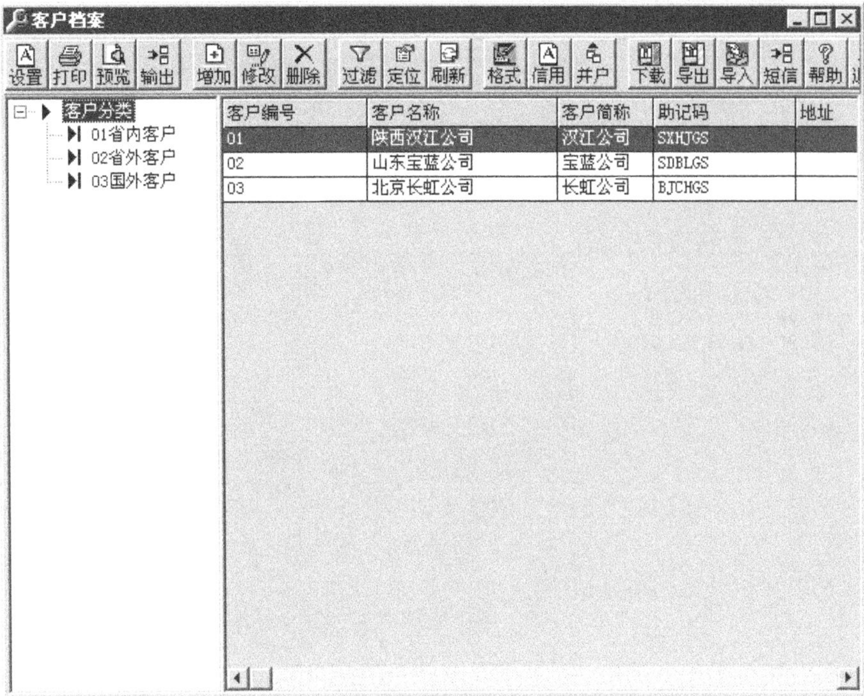
客户档案
设置 打印 预览 输出 增加 修改 删除 过滤 定位 刷新 格式 信用 并户 下载 导出 导入 短信 帮助
客户分类
01省内客户
02省外客户
03国外客户
客户编号 客户名称 客户简称 助记码 地址
01 陕西汉江公司 汉江公司 SXHJGS
02 山东宝蓝公司 宝蓝公司 SDBLGS
03 北京长虹公司 长虹公司 BJCHGS

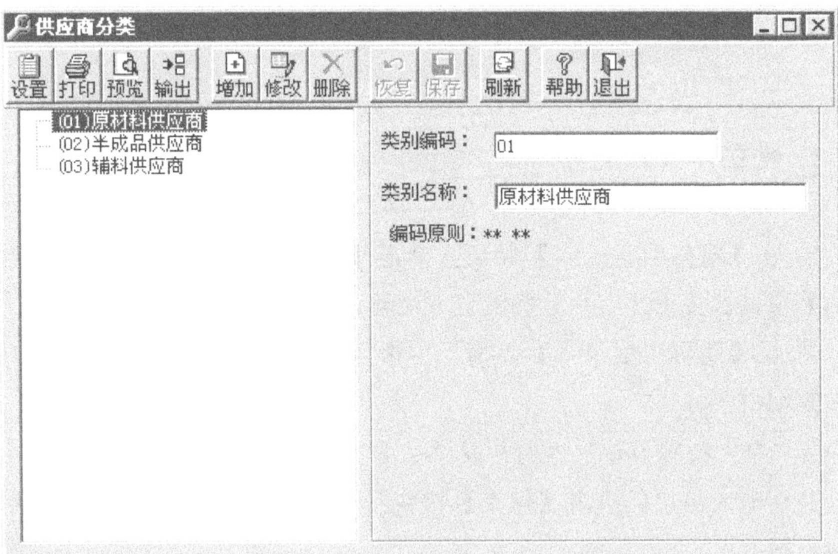
供应商分类
设置 打印 预览 输出 增加 修改 删除 恢复 保存 刷新 帮助 退出
(01)原材料供应商
(02)半成品供应商
(03)辅料供应商
类别编码：01
类别名称：原材料供应商
编码原则：** **

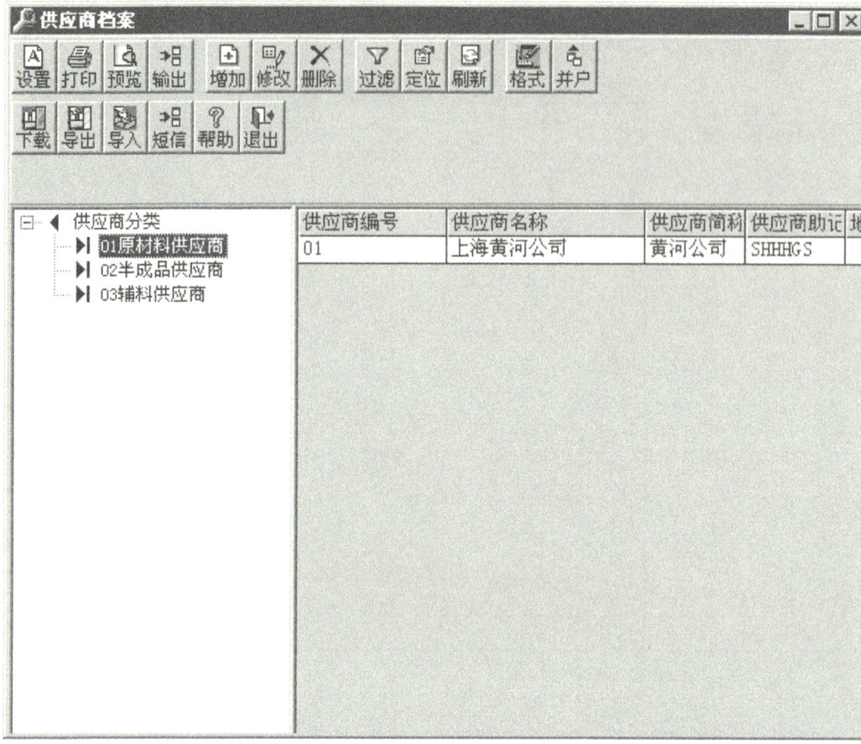

6. 建立存货分类与档案

① 在【期初档案录入】界面，单击【存货分类】图标，打开【存货分类】窗口。按上述客户分类设置方法输入存货分类数据。

② 在【期初档案录入】界面，单击【存货档案】图标，打开【存货档案】窗口。

③“存货档案卡片”界面共设“基本”“成本”“控制”“其他”4个页签，分别输入信息，单击【保存】按钮。全部输入完毕后，单击【退出】按钮返回。

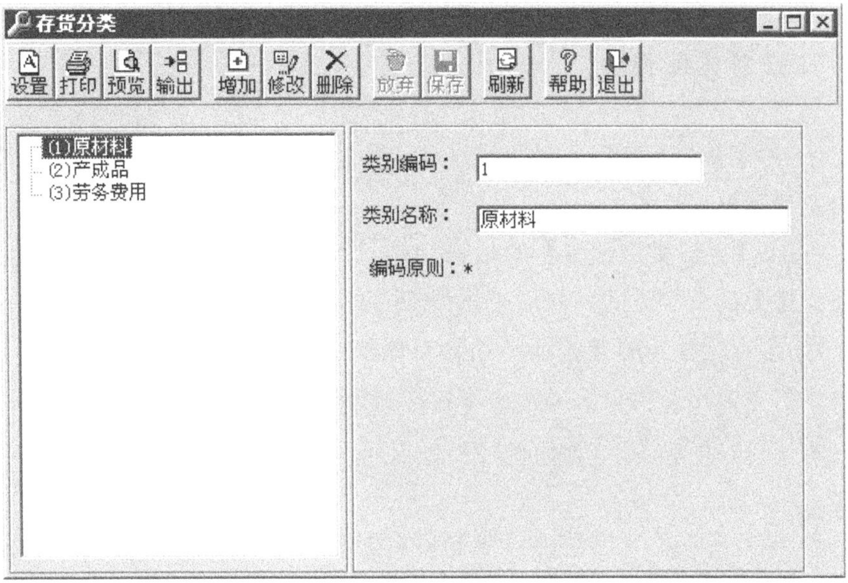
存货分类
设置 打印 预览 输出 增加 修改 删除 放弃 保存 刷新 帮助 退出
(1)原材料
(2)产成品
(3)劳务费用
类别编码：1
类别名称：原材料
编码原则：*

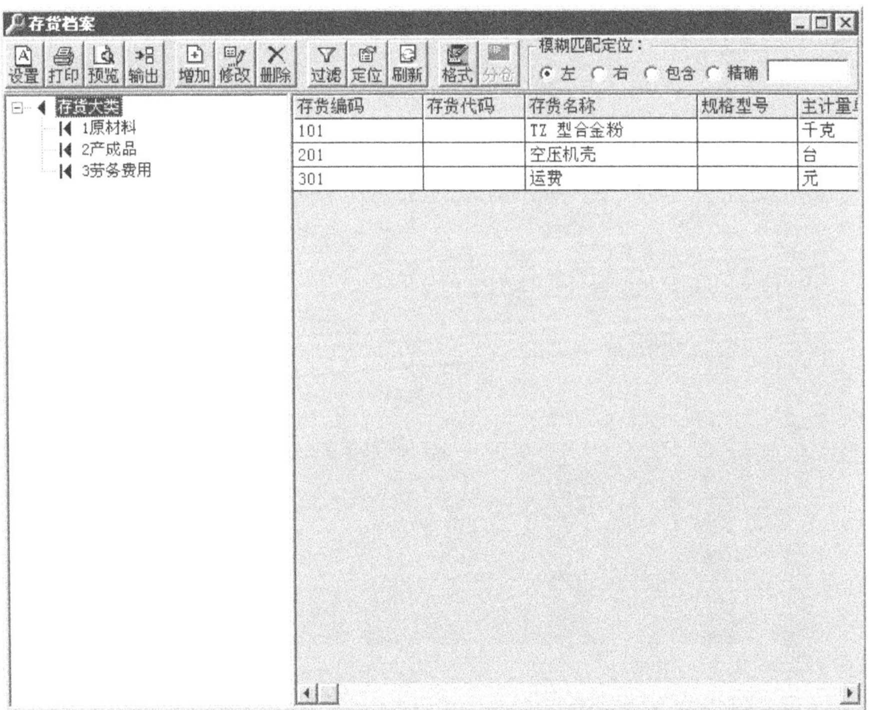
存货档案
设置 打印 预览 输出 增加 修改 删除 过滤 定位 刷新 格式 分仓
模糊匹配定位：
左 右 包含 精确
存货大类
1原材料
2产成品
3劳务费用
存货编码 存货代码 存货名称 规格型号 主计量
101 TZ 型合金粉 千克
201 空压机壳 台
301 运费 元

7. 设置凭证类型

① 在【总账系统】窗口，执行【设置】/【凭证类别】命令，打开【凭证类别预置】对话框。

② 在【凭证类别预置】对话框中选择第二种【收款凭证　付款凭证　转账凭证】的分类方式，然后单击 确定 按钮。

③ 在随后打开的【凭证类别】对话框中，双击【收款凭证】的【限制类型】单元格，窗口将显示出下拉按钮。

④ 单击下拉按钮，打开下拉框，选择其中的【借方必有】选项。

⑤ 单击【收款凭证】的【限制科目】单元格，输入限制科目的编码（如果有两个限制科目，科目编码之间用英文标点间隔）。

⑥ 重复步骤③～⑤，对付款凭证和转账凭证的限制类型和限制科目进行设置。

⑦ 设置完毕后，单击【退出】按钮，返回【总账】窗口。

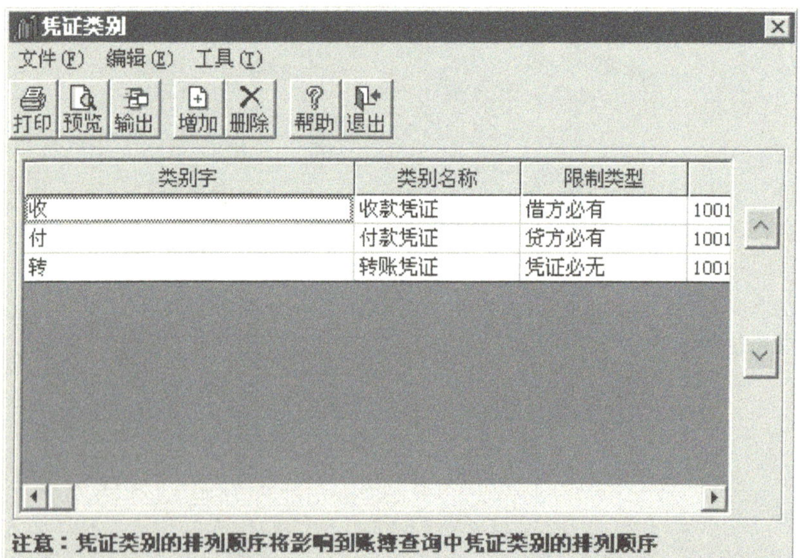

8.设置会计科目

（1）删除会计科目

① 在【畅捷通 T3-企业管理信息化软件教育专版】主界面中，单击【基础设置】/【财务】/【会计科目】，打开【会计科目】对话框。

② 单击“2314，代理业务负债”所在行的任意位置，使该行变蓝。

③ 单击删除按钮，或者执行【编辑】/【删除】命令，或者在选中栏的任意位置上右击鼠标键，执行【删除】命令。

④ 系统弹出【删除记录】提示框，单击确定按钮，选中的会计科目将被删除。

（2）修改会计科目

以修改“1001，库存现金”为例。

① 在【会计科目】窗口单击“1001，现金”所在行的任意位置，然后单击修改按钮，或者执行【编辑】/【修改】命令，或者在选中行的任意位置右击鼠标键，执行【修改】命令，或者双击相应的会计科目所在行的任意位置，打开【会计科目—修改】对话框。

② 在【会计科目—修改】对话框中，单击下面的修改按钮，激活【会计科目—修改】对话框。

③ 修改科目名称，并选定【日记账】复选框，然后单击确定按钮。

④ 如果需要进行其他会计科目的修改，在单击确定按钮后，在随后显示出的【会计科目—修改】对话框中单击方向按钮◀或▶，选择下一个需要调整的会计科目，然后单击修改按钮进行修改；或者直接单击返回按钮，在【会计科目】窗口中选择下一个需要调整的会计科目，然后执行上述步骤进行会计科目的修改。

参照前面给出的资料，对其他会计科目进行逐一修改，尤其注意对会计科目核算类型的设置要准确！

（3）增设会计科目

以增设“14030101，TZ 型合金粉”为例。

① 在【会计科目】窗口中，单击增加按钮，或者执行【编辑】/【增加】命令；或者右击鼠标键，执行【增加】命令。

② 在打开的【会计科目-新增】对话框中，输入科目编码、科目中文名称，并选择【数量金额式】选项，输入计量单位“千克”，然后单击确定按钮。

③ 如果想继续设置其他会计科目，在单击【会计科目-新增】对话框中的确定按钮后，再单击随后显示出的增加按钮，可以继续进行设置。如果会计科目设置完毕，则单击关闭按钮。

参照前面给出的资料，继续增加其他会计科目。

（4）指定设会计科目

① 在【会计科目】窗口中，单击【编辑】/【指定科目】命令。

② 在打开的【指定科目】对话框中，选择“现金总账科目”，选择“1001 库存现金”作为待选科目，单击“>”按钮，将“1001 库存现金”移到“已选科目”，单击确定按钮。

③ 重复上述操作，将“1002 银行存款”指定为银行总账科目。

9. 输入期初余额

（1）一般会计科目期初余额的录入

① 在【畅捷通 T3-企业管理信息化软件教育专版】主界面，单击【总账】/【设置】/【期初余额】，打开【期初余额录入】窗口。

② 单击有关科目的【期初余额】空白栏，输入期初余额数据，然后按 Enter 键或直接单击下一个需输入科目余额的空白栏。

（2）有数量核算的会计科目（白底）期初余额的录入

有数量核算的会计科目的期初余额，分两行分别列示金额和数量（显示具体的计量单位），根据相关资料分别在该科目的【期初余额】栏输入期初余额数据和期初数量。

（3）有明细核算的会计科目（黄底）期初余额的录入

有明细核算的会计科目不能直接输入一级科目的期初余额，在输入该科目的下级科目余额后，系统会自动计算出该科目的期初余额。

(4) 有辅助核算的会计科目（蓝底）期初余额的录入

注意：录入有辅助核算的会计科目期初余额前，必须保证其相关的辅助核算档案已经建立，否则无法完成操作！

以“应收账款”为例。

双击【应收账款】的【期初余额】栏，打开【客户往来期初】窗口，单击按钮，在窗口中显示出一行空白栏。单击按钮，选择日期，然后按Enter键，输入其他栏目的有关内容，输入完毕后按按钮返回。

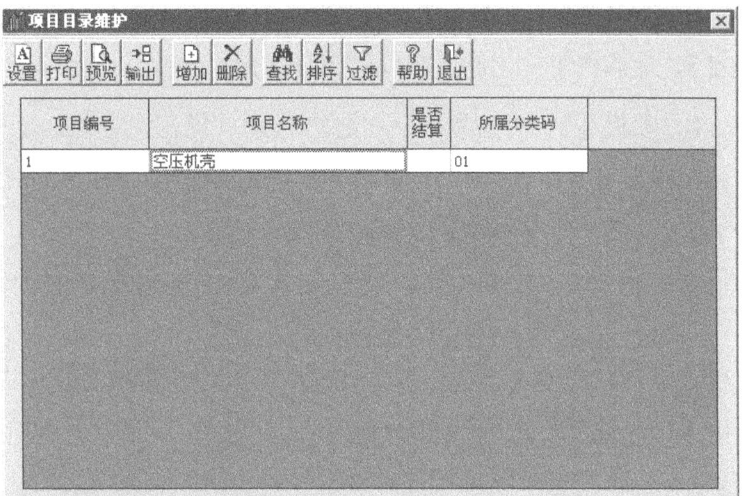

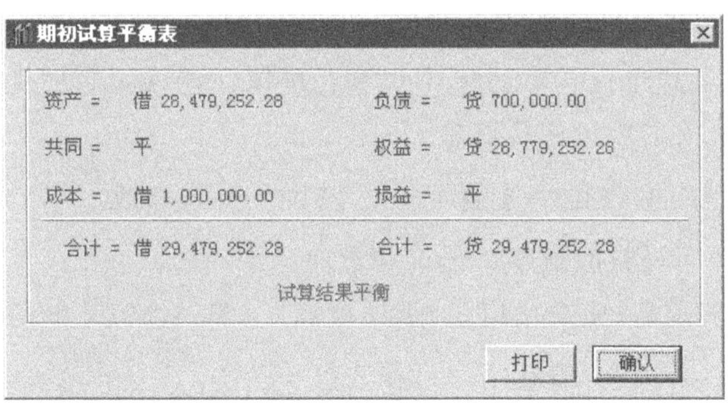

10. 日常业务处理

(1) 进行凭证填制

凭证填制的基本要求：对设置有辅助核算、数量核算和银行账结算的会计科目，必须在填制凭证时，输入相关信息。下面以第一笔业务为例，说明操作方法。

① 以总账会计身份登录【畅捷通 T3-企业管理信息化软件教育专版】，在【总账系统】主界面中，单击【填制凭证】图标，打开【填制凭证】窗口。

② 单击按钮，窗口中的凭证类型从原来的【记账凭证】转为【收款凭证】，并在凭证的左上角显示有【收】字，表示当前的记账凭证类型为收款凭证。

③ 单击【收】字旁边的按钮，打开下拉框，双击凭证类型中的【付款凭证】，然后按Enter键，可以看到当前窗口中显示的凭证类型已改为所需的【付款凭证】，然后按Enter键。

④ 光标移至【制单日期】，可以根据实际需要直接修改填制日期。实训中不需修改日期。直接按Enter键。

⑤ 根据实际情况在【附单据数】填入实际单据数，实训中不需填写。

⑥ 在【摘要】栏输入业务编号“1”（实际工作中需填写具体内容）。

⑦ 在【科目名称】空白栏中直接输入“原材料/乙材料”的科目编码或者科目名称，或者单击按钮找出对应科目，按Enter键。

⑧ 系统弹出的【辅助项】窗口（因初始设置中该科目设置为数量核算），分别输入数量和单价，然后单击确认按钮。在【填制凭证】窗口左下方显示有已输入的数量单价信息。

⑨ 按Enter键，摘要栏将重复上一栏内容，不需修改，按上述方法继续输入丙材料和丁材料的数量、单价和金额。

⑩ 输入“应交税费/应交增值税/进项税额”（21710101）的科目名称和借方金额，按Enter键，继续下一行输入。

⑪ 在【科目名称】空白栏中输入“银行存款”科目名称或编码，按Enter键。系统弹出【辅助项】对话框（在初始设置中银行存款设置了银行账核算）。

⑫ 在【辅助项】【结算方式】文本框中单击按钮，打开下拉框，双击所需输入的结算方式，或者直接输入结算方式的对应编码，然后在【票

号】和【发生日期】文本框中输入现金支票号和发生日期，最后单击确认按钮，返回到【填制凭证】窗口，可以看到在凭证左下显示有结算方式编码、支票号和发生日期。

⑬ 在贷方金额栏中输入金额，凭证输入完毕，单击保存按钮。

（2）进行凭证修改

① 凭证未经审核前

a. 在【总账系统】窗口执行【凭证】/【填制凭证】命令，打开【填制凭证】窗口。

b. 单击查询按钮，打开【凭证查询】对话框，对查询条件进行设置，然后单击确认按钮，或在【填制凭证】窗口单击上张或下张等翻页按钮，查找出所需修改的凭证。

c. 对错误的凭证内容进行修改，修改完毕，单击保存按钮。

② 凭证已经审核　先取消审核（操作方法参照审核方法），再进行凭证修改。

③ 凭证已记账　先取消记账，其次取消审核，再进行凭证修改。

取消记账方法：

a. 在【总账系统】窗口执行【期末】/【对账】命令，打开【对账】对话框；

b. 双击【是否对账】空白栏，然后单击对账按钮，进行系统对账；

c. 按 Ctrl＋H 键，激活恢复记账前状态功能，然后单击确定按钮；

d. 在【总账系统】窗口打开【凭证】菜单，可以看到新增的【恢复记账前状态】菜单，单击【恢复记账前状态】，系统弹出【恢复记账前状态】对话框；

e. 选择【最近一次记账前状态】，单击确定按钮，在【恢复记账完毕！】提示框中单击确定按钮。

（3）进行凭证作废与删除

只能对未经审核的凭证进行作废整理的操作，方法如下。

① 在【填制凭证】窗口单击上张或下张按钮，找到需要删除的凭证，然后执行【制单】/【作废/恢复】命令。该凭证即被标上“作废”。

② 在【填制凭证】窗口执行【制单】/【凭证删除/整理】命令，在弹出的对话框中选择凭证期间，单击 确定 按钮。

③ 在打开的【作废凭证表】对话框中，双击需删除凭证所在行的【删除】空白栏，在空白栏中显示出【√】标志，然后单击 确定 按钮。系统弹出【是否还需整理凭证断号】提示框，单击 是(Y) 按钮。

（4）进行凭证审核

① 由账套主管身份登录畅捷通 T3-企业管理信息化软件教育专版，在主界面单击【凭证审核】图标。

② 在打开的【凭证审核】对话框中设定准备审核的凭证范围，或将凭证审核范围设为【全部】，单击 确认 按钮。

③ 在刷新的【凭证审核】对话框中，显示有系统中保存的所有凭证情况，直接单击 确定 按钮。

④ 在打开的【凭证审核】窗口，对已填制凭证内容进行审核，确定准确无误后，单击 审核 按钮，或者执行【审核】/【审核凭证】命令，在凭证下脚的【审核】栏中，将显示审核员的姓名。

⑤ 单击 下张 按钮，继续完成对其他凭证的审核签字工作。

注意：也可在【凭证审核】窗口执行【审核】/【成批审核】命令，一次性完成所有凭证的审核。

（5）进行出纳签字

以出纳身份登录系统，点击总账—凭证—出纳签字，对收付款凭证进行签字。

（6）记账（登记账簿）

① 在【畅捷通 T3-企业管理信息化软件教育专版】窗口单击【记账】图标，系统弹出记账向导。

② 在【记账】对话框中，在第一个步骤【选择本次记账范围】对应的右边列表框中，显示着所有未记账的凭证、作废凭证和已审核凭证。在【记账范围】栏中输入记账范围，单击 下一步 按钮。

③ 在第二个步骤【记账报告】对应的右边列表框中，显示着准备记账的科目汇总表。如果需要打印记账报告，可单击 打印 按钮。实训中直

接单击 下一步 按钮。

④ 在第三个步骤【记账】对应的窗口中，直接单击 记账 按钮。系统开始将凭证内容登记到各类账簿中，登记完毕，弹出【记账完毕】提示框，单击 确定 按钮。

五、知识链接

① 期初余额录入完毕后，在【期初余额录入】窗口，单击窗口上方的按钮，检查试算是否平衡。期初余额必须做到试算平衡，否则填制的凭证也将无法记账。试算平衡后应及时做好备份。

② 在输入辅助项信息后，如果显示的金额栏方向错误，可以按空格键进行借贷方向的调整。

③ 如果初始设置中没有进行相应的辅助核算设置，则输入科目名称后系统不会弹出【辅助项】对话框，也无法输入辅助核算数据，这会影响后面核算的质量。

④ 凭证的制单人和审核人不能为同一个人，所以在进行制单之前一定记得更换操作员身份。

六、成果评价

姓名						
考核内容	能熟练进行总账系统的操作					
素质考核	内容	分值	评价标准	自我评价	小组评价	教师评价
日常考核	出勤、态度、合作	20	1. 迟到早退缺勤一次扣2分； 2. 未完成作业一次扣5分			

续表

<table>
<tr><td>素质考核</td><td>内容</td><td>分值</td><td>评价标准</td><td>自我评价</td><td>小组评价</td><td>教师评价</td></tr>
<tr><td>技能考核</td><td>能正确进行总账系统的操作</td><td>80</td><td>错一处扣 2 分</td><td></td><td></td><td></td></tr>
<tr><td colspan="2">合计</td><td colspan="2">100</td><td></td><td></td><td></td></tr>
<tr><td>项目实际得分</td><td colspan="3"></td><td></td><td></td><td></td></tr>
</table>

项目三

工资系统模块的应用

一、项目描述

工资管理模块是每个单位财务部门最基本的业务之一，不仅关系到每个员工的切身利益，也是影响产品成本的重要因素。手工进行工资核算，需要占用财会人员大量的精力和时间，并且容易出错，因此，采用计算机进行工资核算，可以有效地提高工资核算的准确性和及时性。使用计算机进行工资核算之前，需要进行工资系统的初始设置，用以建立工资系统的应用环境。在进行初始设置之前，应进行必要的数据准备，如规划企业职工的编码规则，进行人员类别的划分，整理好要设置的工资项目及核算方法，并准备好部门档案、人员档案、基本工资数据等基本信息。

工资管理的日常业务，主要包括每月对工资变动的业务处理、个人收入所得税的处理和工资分摊的业务处理。第一次使用工资管理系统，必须先将所有人员的基本工资数据录入计算机，每月发生的工资数据变动也在此进行调整，如奖金、扣款信息的录入等。工资变动处理之前，需要事先设置好工资项目及计算公式。个人所得税是根据《中华人民共和国个人所得税法》对个人所得征收的一种税。手工情况下，每个月末财务部门都要对超过扣除基数金额的部分进行计算和纳税申报，系统只提供对工资薪金所得征收所得税的功能。工资分摊是指对当月发生的工资费用进行工资总额的计算、分配及计提各种经费，并生成记账凭证，传递到总账系统中。工资管理系统月末处理的工作，主要包括对薪资管理系统进行月末结转处理和凭证及账表查询等。

主要任务

① 能够根据企业的业务情况设置工资管理系统的业务参数，进行工资管理系统的基础设置。

② 能够根据企业的实际情况进行工资变动及工资分摊的处理等。

③ 能够了解在出现操作错误时的处理思路和方法。

二、项目分析

① 设置工资账套参数。

② 人员类别设置。

③ 部门信息设置。

④ 银行信息设置。

⑤ 职工档案信息。

⑥ 工资计算公式定义。

⑦ 日常业务处理：工资分摊、分摊职工福利费、分摊工会经费、分摊职工教育经费、分摊养老保险金等。

⑧ 月末处理。

三、操作资料

1. 工资系统参数以及初始设置资料

(1) 工资账套参数

① 工资管理系统启用时间为：2011.01.01，建账时已随总账同时启用。

② 工资类别个数：单个

③ 本位币种：人民币 RMB

④ 个人所得税：代扣个人所得税；扣零处理：不扣零

⑤ 人员编码长度：3 位

⑥ 本账套的启用日期为：2011-01-01（注意：需要预置工资项目）

（2）人员类别

类别顺序	类别名称
1	管理人员
2	生产人员
3	采购人员
4	销售人员

（3）部门信息

部门编码	部门名称
01	行政部
0101	厂办
0102	财务部
02	生产部
0201	一车间
03	市场部
0301	采购部
0302	销售部

（4）银行名称设置

银行名称：工商银行太原市分行学府街支行

账号定长：6，自动带出账号长度：4

（5）职工档案信息

华宇有限责任公式职工档案表

职员编号	职员姓名	所属部门	人员类别	账号	是否计税	中方人员
001	王鹏飞	厂办	管理人员	000001	是	是
002	李东升	厂办	管理人员	000002	是	是

续表

职员编号	职员姓名	所属部门	人员类别	账号	是否计税	中方人员
003	曾玥	财务部	管理人员	000003	是	是
004	张长顺	财务部	管理人员	000004	是	是
005	李鸿飞	财务部	管理人员	000005	是	是
006	杨帆	财务部	管理人员	000006	是	是
007	李铭	一车间	生产人员	000007	是	是
008	王翠洁	一车间	生产人员	000008	是	是
009	曾清玥	一车间	生产人员	000009	是	是
010	王长青	一车间	生产人员	000010	是	是
011	张一品	一车间	生产人员	000011	是	是
012	张辉	一车间	生产人员	000012	是	是
013	胡静	一车间	生产人员	000013	是	是
014	王力	一车间	生产人员	000014	是	是
015	李飞	一车间	生产人员	000015	是	是
016	张德君	一车间	生产人员	000016	是	是
017	杨柳	采购部	采购人员	000017	是	是
018	赵小静	采购部	采购人员	000018	是	是
019	王涛	销售部	销售人员	000019	是	是
020	李海波	销售部	销售人员	000020	是	是

(6) 工资计算公式定义

① 要求：按照下表内容设置工资项目。

工资项目	项目类型	长度	小数	增减项
基本工资	数字	10	2	增项
岗位工资	数字	10	2	增项
日工资	数字	10	2	其它
其他补贴	数字	10	2	增项
加班天数	数字	10	0	其它
加班费	数字	10	2	增项
事假天数	数字	10	0	其它
事假扣款	数字	10	2	减项
病假天数	数字	10	0	其它
病假扣款	数字	10	2	减项
社会保险费	数字	10	2	减项
住房公积金	数字	10	2	减项

② 要求：按照下表内容进行工资计算公式定义。

工资项目	公式定义条件
基本工资	厂办:900 元;财务部:800 元;一车间:1000 元; 采购部:900 元;销售部:800 元
岗位工资	管理人员:1600 元;生产人员:1500 元;采购人员:900 元; 销售人员:1300 元

续表

工资项目	公式定义条件
日工资	（基本工资＋岗位工资）/21
其他补贴	800.00
加班费	日工资×加班天数×1.5
应发合计	基本工资＋岗位工资＋其他补贴＋加班费
事假扣款	日工资×事假天数
病假扣款	日工资×病假天数×0.2
缺勤扣款合计	事假扣款＋病假扣款
社会保险费	应发合计×0.08
住房公积金	应发合计×0.08
社保及公积金扣款合计	社会保险费＋住房公积金

2. 本月发生的业务

“生产成本—直接人工”辅助核算为：“一车间”部门核算，产品项目为“空压机壳”。计提分配方式：分配到部门；核算部门：所有部门；计提会计月份：2011.01。本月考勤情况：王鹏飞加班 1 天，李铭请事假 2 天；张辉请事假 1 天，王涛病假 1 天。

(1) 工资分摊设置要求

“分摊构成设置”中，依次按照厂办、财务部、一车间、采购部、销售部的顺序设置，制单时合并科目相同、辅助项相同的分录（下同）。

部门名称	人员类别	项目	计提比例	借方科目	贷方科目
厂办	管理人员	应发合计	100%	660204	221101
财务部		应发合计	100%	660204	221101
一车间	生产人员	应发合计	100%	500102	221101
采购部	采购人员	应发合计	100%	660204	221101
销售部	销售人员	应发合计	100%	660103	221101

(2)分摊职工福利费

部门名称	人员类别	项目	计提比例	借方科目	贷方科目
厂办	管理人员	应发合计	14%	660207	221102
财务部		应发合计	14%	660207	221102
一车间	生产人员	应发合计	14%	500102	221102
采购部	采购人员	应发合计	14%	660207	221102
销售部	销售人员	应发合计	14%	660105	221102

(3)分摊工会经费

部门名称	人员类别	项目	计提比例	借方科目	贷方科目
厂办	管理人员	应发合计	2%	660208	221103
财务部		应发合计	2%	660208	221103
一车间	生产人员	应发合计	2%	500102	221103
采购部	采购人员	应发合计	2%	660208	221103
销售部	销售人员	应发合计	2%	660106	221103

（4）分摊职工教育经费

部门名称	人员类别	项目	计提比例	借方科目	贷方科目
厂办	管理人员	应发合计	2.5%	660209	221104
财务部		应发合计	2.5%	660209	221104
一车间	生产人员	应发合计	2.5%	500102	221104
采购部	采购人员	应发合计	2.5%	660209	221104
销售部	销售人员	应发合计	2.5%	660107	221104

（5）分摊养老保险金

部门名称	人员类别	项目	计提比例	借方科目	贷方科目
厂办	管理人员	应发合计	15%	660210	221105
财务部		应发合计	15%	660210	221105
一车间	生产人员	应发合计	15%	500102	221105
采购部	采购人员	应发合计	15%	660210	221105
销售部	销售人员	应发合计	15%	660108	221105

3. 审核并记账

在总账中以 kj 审核并记账。

4. 月末处理

对工资系统进行月末处理，不清零。

四、操作程序

1. 启用工资管理系统

在使用工资管理系统进行工资业务处理之前，必须以账套主管（zg，口令为空）的身份进入【系统管理】，进行工资管理系统启用的设置。工资管理系统启用与总账系统启用基本相似，其操作方法与步骤相似。

① 以账套主管（zg）身份登录，在【系统管理】窗口中，单击【账套】/【启用】，系统弹出【系统启用】对话框，选择要启用的系统，在“WA 工资管理”方框内打上钩，系统弹出【系统启用日历】对话框。

② 在启用会计期间内输入启用的年、月数据，单击【确定】按钮，系统弹出【提示信息】，单击【是（Y）】按钮后，保存此次的启用信息。启用【工资管理】等模块后，系统将当前操作员写入启用人。

2. 建立工资核算账套

建立工资核算账套是工资管理系统初始化的前置工作，其操作方法和步骤如下。

① 以账套主管（zg）身份登录，在系统主界面中，双击左面的【工资管理】菜单，第一次进入工资系统，系统弹出“建立工资账套”对话框。

② 在“建立工资账套”对话框中，进行参数设置。在该对话框选择工资类别个数为“单个”，选择工资计算的币别为“人民币”。单击【下一步】按钮，进入“扣税设置”。

③ 在“扣税设置”对话框中，在“是否从工资中代扣个人所得税”选项前打钩，系统将自动根据所设定的所得税基数和所得税扣除方法计算。单击【下一步】按钮，进入扣零设置。

④ 在“扣零设置”对话框中，在“扣零”前打上钩。扣零设置就是把工资的零头扣下，累积起来以后再发，此处选择“扣零至元”。单击

【下一步】按钮，进入“人员编码”。

⑤ 在“人员编码”设置对话框中，默认人员编码长度为 3 位，单击【完成】按钮，系统弹出提示对话框（注意：记住预置工资项目!）。

⑥ 在提示对话框，单击【是（Y）】按钮，系统进入【工资管理系统】主界面，即可对工资管理系统进行初始化设置。

3. 工资管理系统的初始化设置

（1）人员类别设置

以账套主管身份，在【工资管理】主界面中，单击【工资】/【设置】/【人员类别设置】，系统弹出【类别设置】对话框，单击【增加】按钮，分别输入“管理人员”“生产人员”“采购人员”“销售人员”4 个类别。增加完毕单击【返回】按钮。

（2）银行名称设置

银行名称的设置可根据企业发放工资的需要，设置 1 个或多个发放工资的银行，例如华宇有限责任公司设置中国工商银行为发放工资的银行，其操作方法与步骤如下。

以账套主管身份登录，在【工资管理】主界面中，单击工资/设置/银行名称设置，系统弹出【银行名称设置】对话框，单击【增加】按钮，光标停在银行名称栏处，输入银行名称，默认银行账号长度为 11 位。操作完毕，单击【返回】按钮，即返回工资管理系统主界面。

（3）人员附加信息设置

利用人员附加信息设置功能，可增加工资管理系统人员信息，丰富人员档案的内容，便于对人员进行更加有效的管理。例如可增设人员的性别、民族、婚否等附加信息。其操作方法与步骤如下。

以账套主管身份登录，在【工资管理】主界面中，单击“人员附加信息设置”图标，系统弹出【人员附加信息设置】对话框，单击【增加】按钮，光标停在信息名称栏处，输入人员附加信息（如性别、民族、婚否等）。操作完毕，单击【返回】按钮，即返回工资管理系统主界面。

（4）工资项目设置

工资项目是计算工资的依据，工资项目设置就是定义工资项目的名称、类型、宽度，企业可根据工资管理的需要设置工资项目。

① 以账套主管身份登录，在【工资管理】主界面中，单击【设置】/【工资项目设置】，系统弹出【工资项目设置】对话框。

② 在【工资项目设置】对话框单击【增加】按钮，系统自动在“工资项目”处增加1行，按照资料提供的工资项目设置方案，依次设置工资项目的项目名称、类型、长度、小数位数和工资增减项等。系统提供若干常用工资项目供参考，可选择输入；系统中没提供的工资项目，可将原工资项目修改，或直接录入工资项目。

③ 单击【增加】按钮，可继续设置新的工资项目。新增工资项目将在【工资项目】栏内显示。

④ 单击向上箭头或向下箭头，可调整工资项目的排列顺序。增加完毕，单击【确认】按钮，确认本次操作的结果，单击【返回】按钮，返回工资管理系统主界面。

（5）输入人员档案

在工资管理系统中必须建立用于登记工资发放人员的姓名、编号、所在部门、人员类别等信息的人员档案。考虑到企业内部控制的需要，工资管理系统的人员档案不能与总账系统中的职员档案共享，必须单独设置。

输入人员档案的操作方法与步骤如下。

① 以账套主管身份登录，在【工资管理】主界面中，单击【设置】/【人员档案】，进入【人员档案】界面。

② 在【人员档案】界面中，单击【增加】按钮，系统弹出【人员档案】输入对话框，在此依次输入新增的人员档案信息。

③ 每增加一条人员档案，单击【确认】按钮，系统自动保存所录入的人员档案，依次录入其他人员。

（6）设置工资计算公式

① 以账套主管（zg）身份登录，在【工资管理】主界面中，单击【设置】/【工资项目设置】，系统弹出对话框。

② 在【工资项目设置】对话框中，单击【公式设置】选项卡，系统打开【公式设置】页签。

③ 在【公式设置】页签中，单击工资项目区域的【增加】按钮，新增一个工资项目，然后在右边的“应发合计公式定义”区域中设置计算公式。计算公式中的【工资项目】【部门】和【人员类别】必须在系统提供的【工资项目】【部门】和【人员类别】区域中选取。

④ 公式设置完毕，单击【公式确认】按钮，保存所设置的公式，最后单击【确认】退出。

至此，基本上完成工资管理系统的初始化设置操作，下一步可以进行工资管理系统的业务处理。

4. 日常工资管理与月末处理

日常工资管理主要对每个月的工资变动（包括人员变动、工资项目变动）进行处理，系统将自动更新工资数据，自动扣缴个人所得税。根据工资的发放形式进行扣零处理，并向工资发放银行传输工资的数据（若采用现金发放方式，则产生工资分钱单）。月末工资处理主要对系统自动汇总的工资数据进行工资分摊，直接生成凭证并传递到总账系统，在此基础上进行月末对账、结账和工资数据的查询打印。

（1）日常工资管理

① 工资变动管理

a. 以账套主管（zg）身份登录，在【工资管理系统】主界面中，单击【工资变动】图标，进入【工资变动】界面。

b. 在【工资变动】界面中，由于是首次使用工资管理系统，在输入各部门员工的工资数据时，只需输入最基础的工资数据，如基本工资、岗位工资等，系统会根据已设置的工资项目计算公式，自计算工资项目组成部分的金额和“应发工资”“实发合计”等数据。

c. 输入各部门员工的工资数据后，将光标移到某员工的记录行，单击“页编辑”图标，系统弹出“工资数据录入—页编辑”对话框。

d. 在“工资数据录入—页编辑”对话框中，可对每个员工的个人工资数据进行变动处理。完成后单击【确认】按钮，再单击【下一人】按钮，处理下一位员工的个人工资数据。单击【取消】按钮，返回“工资变动”界面。

e. 本月的各项工资变动处理完毕后，在“工资变动”界面中，单击【计算】和【汇总】按钮，系统自动将变动的工资数据重新计算，然后汇总，以保证数据的正确性。

如对某部门或全体员工进行工资变动处理，还可采用“替换”方式进行变动处理，以提高工作效率。

② 个人所得税计算和申报　通过“工资变动”功能计算出每个员工当月的工资数据后，当员工工资达到国家规定的个人所得税起征点后，还要计算每个员工应交个人所得税并在当月的实发工资总额中予以扣缴。

工资管理系统能根据预先设置好的个人所得税计算规则，自动计算个人所得税。

“扣缴个人所得税”的操作方法和步骤如下。

a. 以账套主管（zg）身份登录，在“工资管理系统”主界面中，单击“扣缴个人所得税”图标，系统弹出扣缴个人所得税“栏目选择”对话框。

b. 在扣缴个人所得税“栏目选择”对话框中，选择“标准栏目”“所得项目”“对应工资项目”（注意：此处选择“税前工资”项目）等。选择完毕后，单击【确认】按钮，系统自动生成“个人所得税扣缴申报表”。

c. 在“个人所得税”界面中，若国家有个人所得税率调整政策，可单击【税率】按钮，系统弹出“个人所得税税率表”对话框，单击【增加】按钮，可进行税率调整设置。设置完毕，单击【确定】按钮，系统提示“是否重新计算个人所得税”，单击【是（Y）】按钮，系统会按调整后的税率自动进行个人所得税计算，并显示“个人所得税交口申报表”。

③ 银行代发工资　采用银行代发工资方式的企业，在月底须将工资报表输入该银行所要求的数据格式，然后把数据直接传给银行，由代发工资银行将工资汇到员工的银行账号中。

银行代发工资的操作方法和步骤如下。

a. 以账套主管（zg）身份登录系统，在“工资管理系统”主界面中，单击“银行代发”图标，系统弹出“银行文件格式设置”对话框。在该对话框中，选择银行模板为“某某银行”，设置完毕，单击【确认】按钮，保存设置结果，系统自动生成“银行代发一览表”。

b. “银行代发一览表”窗口中，单击【文件方式设置】按钮，选择“txt”格式。单击【磁盘传输】按钮，输入文件名称、选择磁盘以及选择存储路径后，保存银行代发文件成功。

(2) 月末业务处理

月末业务处理工作主要包括工资费用分摊、对账、结账和工资数据查询等。

① 工资费用分摊

a. 以账套主管（zg）身份登录，在“工资管理系统”主界面中，单击“工资分摊”图标，系统弹出“工资分摊”对话框。

b. 在“工资分摊”对话框中，选择分摊计提月份为“2015.01”，单击【工资分摊设置】按钮，系统弹出“分摊类型设置”对话框，在该对话框中单击【增加】按钮，系统弹出“分摊计提比例设置”对话框。

c. 在“分摊计提比例设置”对话框中，在“计提类型名称”处输入“计提工资费用”，“分摊计提比例”设置为“100%”。设置完毕，单击【下一步】按钮，系统弹出“分摊构成设置”对话框。

d. “分摊构成设置”对话框中，根据企业实际情况设置工资分摊类型，如将财务部员工设为“厂部管理人员”，“项目”为“应发合计”，“借方科目”为“660203 管理费用—工资”，“贷方科目”为“221101 应付职工薪酬—工资”。设置完毕，单击【完成】按钮。

② 工资费用分摊制单业务

a. 以会计的（kj）身份登录，在“工资管理系统”主界面，单击“工资分摊”图标，系统弹出“工资分摊”对话框。

b. 在“工资分摊”对话框中，在“计提费用类型”栏目中的“分摊管理人员工资费用”前打上“√”，选择核算部门“财务部”，选择“明细到工资项目”，单击【确定】按钮，系统自动生成“分配管理人员工资费用一览表”。

c. 在“工资分摊明细”界面中，系统自动带出“部门名称”“人员类别”“分配金额”，在“工资分摊”栏目中，“借方科目”为“660203 管理费用—工资”，“贷方科目”为“221101 应付职工薪酬—工资”。设置完毕，单击【制单】按钮，进入“填制凭证”界面，选择凭证类型为“转账凭证”。选择完毕，单击【保存】按钮，系统自动生成一张“工资分摊转账凭证”。

d. 这张自动生成的机制凭证，将自动传递至总账系统，经有关人员审核签字、记账后才能入账。

③ 月末结转业务

a. 以账套主管（zg）身份登录，在“工资管理系统”主界面，单击“月末处理”图标，系统弹出“月末处理”对话框，单击【确定】按钮，系统弹出“工资管理”提示信息。

b. 在“工资管理”，提示信息中，单击【是（Y）】按钮，系统弹出“是否选择清零项?”提示对话框。

c. 在“是否选择清零?”对话框中，单击【否】按钮。

d. 选择完毕，单击【确认】按钮，最终系统提示“月末处理完毕”。

月末处理结束后，系统将不能再处理当月工资业务了，但可以查询、打印当月的各类工资数据，如员工工资卡、部门工资汇总表、工资发放签名表、工资发放条等。

五、知识链接

1. 个人所得税税率表

<table>
<tr><th>级数</th><th>含税级距</th><th>不含税级距</th><th>税率(%)</th><th>速算扣除数</th><th>说明</th></tr>
<tr><td>1</td><td>不超过1500元的</td><td>不超过1455元的</td><td>3</td><td>0</td><td rowspan="7">1. 本表含税级距指以每月收入额减除费用三千五百元后的余额或者减除附加减除费用后的余额。
2. 含税级距适用于由纳税人负担税款的工资、薪金所得；不含税级距适用于由他人(单位)代付税款的工资、薪金所得。</td></tr>
<tr><td>2</td><td>超过1500元至4,500元的部分</td><td>超过1455元至4,155元的部分</td><td>10</td><td>105</td></tr>
<tr><td>3</td><td>超过4,500元至9,000元的部分</td><td>超过4.155元至7,755元的部分</td><td>20</td><td>555</td></tr>
<tr><td>4</td><td>超过9,000元至35,000元的部分</td><td>超过7,755元至27,255元的部分</td><td>25</td><td>1,005</td></tr>
<tr><td>5</td><td>超过35,000元至55,000元的部分</td><td>超过27,255元至41,255元的部分</td><td>30</td><td>2,755</td></tr>
<tr><td>6</td><td>超过55,000元至80,000元的部分</td><td>超过31,375元至45,375元的部分</td><td>35</td><td>5,505</td></tr>
<tr><td>7</td><td>超过80,000元的部分</td><td>超过57,505的部分</td><td>45</td><td>13,505</td></tr>
</table>

2. 岗位工资公式设置

在公式设置的公式编辑区中输入如下公式：

iff(人员类别＝“管理人员”，1600，iff(人员类别＝“生产人员”，1500，iff(人员类别＝“采购人员”，900，1300)))

输入完毕，点击【公式确认】予以保存退出。

六、成果评价

<table>
<tr><td>姓名</td><td colspan="6"></td></tr>
<tr><td>考核内容</td><td colspan="6">能熟练进行工资管理系统的操作</td></tr>
<tr><td>素质考核</td><td>内容</td><td>分值</td><td>评价标准</td><td>自我评价</td><td>小组评价</td><td>教师评价</td></tr>
<tr><td>日常考核</td><td>出勤、态度、合作</td><td>20</td><td>1. 迟到早退缺勤一次扣2分
2. 未完成作业一次扣5分</td><td></td><td></td><td></td></tr>
<tr><td>技能考核</td><td>能正确进行工资管理系统的操作</td><td>80</td><td>错一处扣2分</td><td></td><td></td><td></td></tr>
<tr><td colspan="2">合计</td><td colspan="2">100</td><td></td><td></td><td></td></tr>
<tr><td>项目实际得分</td><td colspan="3"></td><td></td><td></td><td></td></tr>
</table>

项目四

固定资产模块的应用

一、项目描述

固定资产模块，帮助企业财务部门进行固定资产总值、累计折旧数据的动态管理，为总账系统提供相关凭证，协助企业进行成本核算，同时还为设备管理部门提供各项固定资产的管理指标。

固定资产系统的主要工作包括系统的初始设置、日常业务处理和期末业务处理。在使用计算机进行固定资产核算之前，需要进行固定资产系统的初始设置，用以建立固定资产系统的应用环境。在进行初始设置之前，应进行必要的数据准备，如整理固定资产原始卡片等。固定资产初始设置的内容主要包括设置固定资产类别，设置折旧对应的会计科目，设置固定资产的增减方式、折旧方法及录入固定资产原始卡片等。

固定资产的日常业务处理，主要包括企业平时对固定资产卡片的管理、固定资产的增减业务处理及固定资产的各种变动管理，是对固定资产系统中所有的卡片进行综合管理。通过卡片管理，可以完成修改卡片、删除卡片、查询卡片、打印卡片等操作。固定资产增减业务，包括对增加固定资产和减少固定资产的处理。增加固定资产的处理即新增固定资产卡片。固定资产减少是指资产在使用过程中，由于各种原因，如毁损、出售以及盘亏等，退出企业的资产。在系统中提供固定资产减少的批量操作，为同时清理一批资产提供方便。资产变动是指资产在使用过程中所发生的原值变动、部门转移、使用状况变动、使用年限调整、折旧方法调整以及净残值（率）调整等。这种变动，在系统中要求填制变动单作为原始凭证。

固定资产期末业务处理的工作，主要包括计提折旧、制单处理、对账与结账的处理工作。固定资产系统的主要功能之一是计提折旧。根据已经录入系统的有关固定资产资料，每月计提折旧一次，并自动生成折旧分配表，然后制作记账凭证，将本期的折旧费用自动登账，并将当期的折旧额自动累加到累计折旧项目中。固定资产系统和总账系统之间存在着数据自动传输的关系，这种传输是通过记账凭证来完成的。固定资产系统中要制作凭证的业务内容，主要包括资产增加、资产减少、卡片修改（涉及原值和累计折旧时）、资产评估（涉及原值和累计折旧时）、原值变动、累计折旧调整及折旧分配。对账是将固定资产系统与总账系统的资产价值进行核对，系统在执行月末结账时自动对账一次，给出对账结果，并根据初始化或选项中的判断确定不平情况下是否允许结账。当固定资产系统完成了本月全部制单业务后，可以进行月末结账。

主要任务

① 掌握固定资产管理的基本原理和系统初始化、日常业务处理及期末业务处理的方法。

② 能够根据企业的业务情况设置固定资产系统的业务参数，进行固定资产系统的基础设置。

③ 能够根据企业的实际情况进行固定资产增减变动及固定资产折旧计提，并进行相应的账务处理。

④ 能够了解在出现操作错误时的处理思路和方法。

二、项目分析

① 设置固定资产系统参数。

② 设置部门及对应折旧科目。

③ 设置资产类别。

④ 填制固定资产原始卡片。

⑤ 日常业务处理：新增固定资产、报废固定资产、计提折旧。

⑥ 月末处理。

三、操作资料

1. 固定资产初始设置

（1）系统参数

参数控制	设置参数
折旧信息	本账套计提折旧 主要折旧方法：平均年限法（一） 折旧汇总分配周期：1 个月 当（月初已计提月份＝可使用月份－1）时，将剩余折旧全部提足

续表

参数控制	设置参数
编码方式	资产类别编码方式:默认值 固定资产编码方式:按“部门编号+类别编码+序号”自动编码 卡片序号长度:5
财务接口	与账务系统进行对账 固定资产对账科目:1601,固定资产 累计折旧对账科目:1602,累计折旧 在对账不平的情况下不允许固定资产月末结账 月末结账前一定要完成制单登账业务

(2)部门及对应折旧科目

部门编码	部门名称	折旧科目
01	行政部	
0101	厂办	660205,折旧费
0102	财务部	660205,折旧费
02	生产部	
0201	一车间	510101,折旧费
03	市场部	
0301	采购部	660205,折旧费
0302	销售部	660102,折旧费

要求：设置部门对应折旧科目。

(3)资产类别

类别编码	类别名称	使用年限	净残值率(%)	计量单位	计提属性	折旧方法	卡片样式
01	生产设备	4	5.00	套	正常计提	年数总和法	通用样式
02	房屋	20	4.00	间	正常计提	平均年限法(一)	
03	办公设备	5	7.00	台	正常计提	平均年限法(一)	
04	运输工具	5	3.00	辆	正常计提	双倍余额递减法	

（4）固定资产原始卡片

卡片编号	00001	00002	00003	00004	00005	00006
固定资产名称	办公楼	厂房	数控机床	汽车	打印机	电脑
类别编号	02	02	01	04	03	03
使用部门	厂办	一车间	一车间	销售部	财务部	采购部
增加方式	在建工程转入	在建工程转入	直接购入	直接购入	直接购入	直接购入
使用状况	在用	在用	在用	在用	在用	在用
开始使用日期	2008-01-05	2008-11-01	2009-12-01	2008-12-12	2008-01-10	2008-01-10
使用年限（年）	20年0月	20年0月	4年0月	5年0月	5年0月	5年0月
折旧方法	平均年限法（一）	平均年限法（一）	年数总和法	双倍余额递减法	平均年限法（一）	平均年限法（一）
残值率	4%	4%	5%	3%	7%	7%
原值（元）	1200000	3000000	8000000	300000	6000	20000
已累计折旧（元）	168000	300000	3040000	192000	3255	10850
月折旧率	0.004	0.004	0.0250	0.0333	0.0155	0.0155
本月折旧（元）						

要求：根据上述资料录入固定资产卡片。

2. 本月发生的业务

① 1月22日，购入一辆东风卡车交销售部使用，公司采用双倍余额递减法计提折旧，残值率为3%，开始使用日期为2011-01-31，车牌照等有关费用的核算从略。要求按新增固定资产管理办法登记入账。附件：增值税专用发票（二、三联）、转账支票存根、固定资产移交使用验收单。

2100052342　　山西省增值税专用发票　　No. 5310692583

陕西

发票联　　开票日期：　2011 年 1　月 22 日

购货单位	名　　　称：华宇有限责任公司 纳 税人识别号：1000200300400500 地　址、电　话：西安市雁翔路 99 号 029-83933123 开户行及账号：工行雁翔路营业部　998895819	密码区	

货物或应税劳务的名称	规格型号	单位	数量	单价	金额	税率	税额
车辆		辆	1	100000.00	100000.00	17%	17000.00
合计					￥100000.00		￥17000.00
价税合计(大写)	零仟零佰壹拾壹万柒仟零佰零拾零元零角零分　￥117 000.00						

销货单位	名　　　称：西安景丰汽车公司 纳税人识别号：190078456138441 地　址、电　话：西安幸福路 89177456 开户行及账号：工行幸福路营业部 02165973186	备注	

收款人：　　复核：袁立　　开票人：李静利　　销货单位（章）

第二联

发票联

付款方记账凭证

中国工商银行转账支票存根（陕）

IX II 20101217

附加信息

出票日期 2011 年 1 月 22 日

收款人：西安景丰汽车公司

金　额：￥117000. 00

用　途：购入固定资产

备　注：

单位主管：曾玥　会计：李鸿飞

2100052342　　山西省增值税专用发票　　No. 5310692583

陕西

抵扣联　　开票日期：2011年1月22日

第三联

抵扣联 付款方

抵扣凭证

购货单位	名　　称：华宇有限责任公司 纳 税人识别号：1000200300400500 地　址、电　话：太原市雁翔路 99 号 029-83933123 开户行及账号：工行雁翔路营业部　998895819	密码区	

货物或应税劳务的名称	规格型号	单位	数量	单价	金额	税率	税额
车辆		辆	1	100000.00	100000.00	17%	17000.00
合计					100000.00		17000.00

价税合计(大写)	零仟零佰壹拾壹万柒仟零佰零拾零元零角零分　　￥117000.00

销货单位	名　　称：西安景丰汽车公司 纳税人识别号：190078456138441 地　址、电　话：西安幸福路 89177456 开户行及账号：工行幸福路营业部 02165973186	备注	

固定资产移交使用验收单

管理部门：市场部　　　　　　　　　　　　　　　　编号：0251

使用部门：销售部　　　　　　　　　　　　　　　　交接日期：2011 年 1 月 22 日

<table>
<tr><td rowspan="3">固定资产编号</td><td rowspan="3">固定资产名称</td><td rowspan="3">单位</td><td rowspan="3">型号</td><td colspan="2">购建原价或自制成本</td></tr>
<tr><td>单价</td><td>100000.00</td></tr>
<tr><td>总值</td><td>100000.00</td></tr>
<tr><td rowspan="3">E-5(1 计算机
自动生成)</td><td rowspan="3">东风卡车</td><td rowspan="3">辆</td><td rowspan="3">5t</td><td>安装费</td><td></td></tr>
<tr><td>运输费</td><td></td></tr>
<tr><td>合计</td><td>100000.00</td></tr>
<tr><td colspan="4" rowspan="3">主要规格及说明</td><td colspan="2">调划价值</td></tr>
<tr><td>单价</td><td></td></tr>
<tr><td>总值</td><td></td></tr>
<tr><td rowspan="2">出厂日期</td><td rowspan="2">2010.11.20</td><td rowspan="2">预计使用年限</td><td rowspan="2">5 年</td><td>估计重置价值</td><td></td></tr>
<tr><td></td><td></td></tr>
<tr><td>每月折旧率</td><td>每月折旧款</td><td colspan="2">开始计提折旧年月</td><td>已提折旧累计</td><td></td></tr>
<tr><td></td><td></td><td colspan="2"></td><td>净值</td><td></td></tr>
</table>

管理部门：运输部门　　　　　　使用部门：销售科　　　　　　财会部门：李鸿飞

② 按部门分配折旧费用。部门分配条件：按照行政部、生产部、采购部、销售部分配折旧，附件数不录入。摘要：默认。制单日期为 2011 年 01 月 23 日，制单并完成审核记账处理。

③ 1 月 26 日，将采购部的电脑报废。附件：固定资产报废申请书。

固定资产报废申请书

申报单位：采购部

<table>
<tr><td>名称</td><td>单位</td><td>数量</td><td>原始价值(元)</td><td>已提折旧(元)</td><td>净值(元)</td></tr>
<tr><td>电脑</td><td>台</td><td>4</td><td>20000.00</td><td>11160</td><td>8840</td></tr>
<tr><td>预计年限</td><td>实际使用年限</td><td colspan="4">收回残值(元)</td></tr>
<tr><td>5</td><td>3</td><td colspan="4">800.00</td></tr>
<tr><td>购置时间</td><td>2008.01</td><td>申请报废原因</td><td colspan="3">电脑硬件故障</td></tr>
<tr><td>资产管理
部门意见</td><td>同意报废

2011 年 1 月 20 日</td><td>厂部意见</td><td colspan="3">同意报废

2011 年 1 月 26 日</td></tr>
</table>

④ 1 月 27 日，在总账系统中处理收到报废残值。附件：进账单。

中国工商银行陕西省分行进账单（收账通知）

2011 年 1 月 27 日　　　　NO.3721

此联是收款人开户行

汇款人	全　称	西安星星回收公司	收款人	全　称	华宇有限责任公司
	账　号	66998846		账　号	998895819
	开户银行	工行人民路营业部		开户银行	陕西西安市支行雁翔路营业部

人民币（大写）捌佰元整	千	百	十	万	千	百	十	元	角	分
					¥	8	0	0	0	0

票据种类	转账支票	收款人开户行盖章
票据张数	1张	转讫
单位主管　杨海松　　会计　吴成浩		
复核　李平　　记账　陈峰		

⑤ 1 月 27 日，在总账系统中确认电脑清理净损益，编制记账凭证并审核记账。附件：固定资产清理结果报告单。

固定资产清理结果报告单

2011 年 1 月 27 日　　　　单位：元

项目	固定资产净值	固定资产清理收入	固定资产清理费用	固定资产清理净损失
金额	8840	800.00	0	8040

⑥ 固定资产系统对账并结账。

四、操作程序

固定资产管理系统初始化，就是把一个通用的商品化固定资产软件，变成一个符合企业固定资产核算与管理要求的专用固定资产管理系统的过程。系统初始化设置的内容，主要包括启用固定资产管理系统，建立固定资产账套，进行固定资产基础设置等。

1. 启用固定资产管理系统

在使用固定资产管理系统进行业务处理前，必须以账套主管（zg）身份进入【系统管理】，进行固定资产管理系统启用的设置。

固定资产管理系统启用与总账系统的启动相似，其操作方法与步骤如下。

以账套主管（zg）身份登录，在【系统管理】主界面中，单击【账套】/【启用】，系统弹出【系统启用】对话框，选择要启用的系统，在【固定资产】方框内打上“√”。系统弹出【系统启用日历】对话框，在启用会计期间内输入启用的年、月、日数据（2011 年 1 月 1 日），单击【确定】按钮。系统弹出提示信息，单击【是（Y）】按钮后，保存此次的启用信息。启用固定资产模块后，系统将当前操作员写入启用人。

2. 建立固定资产账套

① 以账套主管（zg）身份登录【畅捷通 T3-企业管理信息化软件教育专版】。在主界面中，单击【固定资产】图标，由于是第一次进入固定资产模块，系统弹出提示对话框。

② 在提示对话框中，单击【是（Y）】按钮，系统弹出【固定资产初始化向导】。

③ 在“1. 约定及说明”对话框中，选择“我同意”，单击【下一步】按钮。

④ 在“2. 启用月份”对话框中，选择“2015.1”，单击【下一步】按钮。

⑤ 在“3. 折旧信息”对话框中，在“主要折旧方法”栏选择“平均年限法（一）”，单击【下一步】按钮。

⑥ 在“4. 编码方式”对话框中，在“资产类别编码方式”“固定资产编码方式”栏选择系统默认方式，单击【下一步】按钮。

⑦ 在“5. 财务接口”对话框中，在“与财务系统进行对账”前打上“√”，在“固定资产对账科目”处选择“1601 固定资产”，在“累计折旧对账科目”栏选择“1602 累计折旧”，单击【下一步】按钮。

⑧ 在“6. 完成”对话框中，系统把固定资产账套的主要参数都显示出来，如果设置不正确，可以单击【上一步】按钮退回进行修改，如果设置正确，则单击【完成】按钮。

⑨ 在提示对话框中，单击【是（Y）】按钮，系统弹出“已成功初始化固定资产账套”提示对话框，单击【确定】按钮，固定资产账套的初始化操作完成。

3. 固定资产管理系统基础设置

这些设置包括选项设置、卡片项目、卡片样式、折旧方法、部门、资产分类、使用状况、增减方式等。这是使用固定资产管理系统进行固定资产管理和核算的基础。

(1) 选项设置

在建立固定资产账套过程中曾经设置过一些业务规则参数。在【选项】对话框中，显示的是固定资产的基本信息，共有“与账务系统接口”“基本信息”“折旧信息”“其他”4个页签，在选项设置中仍可对建账过程中一些参数做适当修改。设置完毕，单击【确定】按钮保存设置。

(2) 部门档案及部门对应折旧科目设置

① 部门档案设置　由于在会计信息系统的【基础设置】中已设置了【部门档案】，固定资产管理系统的【部门档案】与【基础设置】中的【部门档案】设置是共享的，在这里可以直接引用或加以修改参照引用。

② 部门对应折旧科目设置　固定资产计提折旧后必须把折旧归入成本或费用，可根据不同使用者情况按部门或类别归集。

(3) 资产类别设置

将资料按华宇有限责任公司的资产类别设置为“生产设备”“房屋”“办公设备”“运输工具”四类。

(4) 增减方式设置

固定资产增减方式包括增加方式和减少方式两大类。华宇有限责任公司按系统默认设置。

(5) 使用状况设置

从固定资产核算和管理的角度来看，明确资产的使用状况，一方面可以正确地计提折旧，另一方面便于统计固定资产的使用情况，提高固定资产利用率。

以账套主管（zg）身份登录，在“畅捷通 T3-企业管理信息化软件教育专版”主界面中，单击【固定资产】/【设置】/【使用状况】，进入【使用状况】设置界面。在选定【使用状况】项后单击【增加】【修改】【删除】按钮可进行重新设置，然后单击【保存】按钮保存设置。

(6) 折旧方法设置

由于固定资产管理系统可以自动计算折旧，所以折旧方法设置选择非常重要。固定资产管理系统给出了 5 种常用的方法不提折旧、平均年限法（一）、平均年限法（二）、工作量法、年数总和法和双倍余额递减法，并分别列出了它们的折旧计算公式。如果企业还需要设置特殊的折旧方法，则可通过【折旧方法设置】功能，增加自定义的折旧方法。

4. 固定资产日常业务处理

(1) 输入原始卡片

① 以账套主管（zg）身份登录【畅捷通 T3-企业管理信息化软件教育专版】。在【固定资产】主界面中，单击【原始卡片录入】图标，系统弹出【资产类别参照】对话框。

② 在【资产类别参照】对话框中，选择“02 房屋”资产类别，单击【确认】按钮，进入【固定资产卡片】界面。

③ 在【固定资产卡片】界面中，输入资料提供的信息。输入完毕，单击【保存】按钮。依次输入所有原始卡片信息。

(2) 固定资产增加

① 以账套主管（zg）身份登录【畅捷通 T3-企业管理信息化软件教育

专版】。在【固定资产】主界面中，单击【资产增加】图标，系统弹出资产类别选择的页面，选择“办公设备”，单击【确认】按钮，进入【固定资产卡片】界面。

②【固定资产卡片】界面中，输入资料提供的内容，输入卡片完毕，单击【保存】按钮。

完成固定资产日常管理操作之后，在每个月的月底进入固定资产期末处理阶段。

（3）固定资产减少

“资产减少”功能只能在本月计提折旧之后才能操作。其操作方法与“资产增加”的操作方法基本相同，可参照“资产增加”的操作方法执行。

（4）固定资产变动处理

固定资产的变动，包括原值变动、部门转移、使用状况变动、使用年限调整、折旧方法调整、净残值（率）调整、资产类别调整等。这种变动要求留下原始凭证，称为“变动单”。

① 以账套主管（zg）的身份登录，在“固定资产”主界面中，单击“资产变动”图标，单击“资产变动”/“部门转移”，进入“固定资产变动单”界面。

② 在“固定资产变动单”界面中，“卡片编号”处输入变动的固定资产编号，系统自动调出该项固定资产卡片，输入资料内容后，单击【保存】按钮，完成操作。

5. 固定资产月末业务处理

固定资产月末业务处理，主要包括计提本月折旧、批量制单、期末对账、结账和固定资产账表打印输出等。

（1）计提本月折旧

固定资产必须按月计提折旧，在固定资产管理系统执行“计提本月折旧”功能，系统将自动计提各项资产当期的折旧额，并将当期的折旧额自动累加到累计折旧项目。

① 计提折旧　以账套主管（zg）的身份登录，在“固定资产”主界面中，单击“计提本月折旧”图标，系统弹出对话框，单击【是（Y）】按钮，系统进入自动计提折旧过程，直至折旧计提完毕，进入“折旧清单”界面。

“折旧清单”中显示的是所有应计提折旧的资产所计提折旧的数据，当期的折旧清单中列示卡片编号、资产编号、资产名称、原值、计提原值、本月折旧、累计折旧等信息。

② 分配折旧费用　固定资产管理系统除了自动生成折旧清单外，同时还生成折旧分配表，然后自动产生机制凭证，从而完成本期折旧费用分摊工作。

（2）批量制单

① 以账套主管（zg）的身份登录，在“固定资产”主界面中，单击“批量制单”图标，进入“批量制单”界面。

② 在“批量制单”界面中，单击“制单选择”选项卡，在要制单的业务行“制单”栏双击选中，进入“制单设置”界面，根据自己的业务核算情况选择“科目”和“部门核算”。

③ “批量制单”界面中，单击【制单】按钮后，进行批量制单，屏幕显示所制的记账凭证，再选择补充凭证的类别、输入日期、摘要等项目，单击【保存】按钮，系统在凭证左上角提示“已生成”，系统自动生成机制凭证。

（3）月末结账与结账

① 以账套主管（zg）的身份登录，在“固定资产”主界面中，单击“月末结账”图标，系统弹出“月末结账”对话框。

② 在“月末结账”对话框中，单击【开始结账】按钮，系统开始进行结账，系统显示与总账系统的对账结果。若出现固定资产账与总账对账不平，可能是因为总账系统“固定资产”科目的累计折旧处理凭证尚未入账，但这并不影响固定资产管理系统结账。单击【确定】按钮，系统弹出“结账成功完成！”对话框。

结账后，将不能再处理当期业务数据，所以在结账前一定要进行数据备份。结账后重新登录固定资产管理系统后，系统将操作日期自动调整为下一个业务期，我们只可使用“查询”功能查询各类固定资产报表与账簿等。

五、知识链接

① 在设置固定资产系统参数时，如果选择“对账不平衡的情况下允许固定资产月末结账”是什么意思？

用于应对固定资产模块和总账暂时对账不平，但需要先结账的情况。其产生原因可能有：期初录入工作未完成，导致固定资产模块中原始卡片没有录入完成，此时进行对账就会显示对账不平；或设置为批量制单时，固定资产模块进行了相关操作，而没有生成对应凭证传递到总账，就会导致固定资产模块原值与累计折旧的汇总数与总账中对应科目的余额不一致，也就会对账不平等。

② 固定资产卡片中的“累计折旧”，为什么可以手工输入而不是系统自动生成？

六、成果评价

<table>
<tr><td>姓名</td><td colspan="6"></td></tr>
<tr><td>考核内容</td><td colspan="6">能熟练进行固定资产系统的操作</td></tr>
<tr><td>素质考核</td><td>内容</td><td>分值</td><td>评价标准</td><td>自我评价</td><td>小组评价</td><td>教师评价</td></tr>
<tr><td>日常考核</td><td>出勤、态度、合作</td><td>20</td><td>1. 迟到早退缺勤一次扣 2 分
2. 未完成作业一次扣 5 分</td><td></td><td></td><td></td></tr>
<tr><td>技能考核</td><td>能正确进行固定资产系统的操作</td><td>80</td><td>错一处扣 2 分</td><td></td><td></td><td></td></tr>
<tr><td colspan="2">合计</td><td colspan="2">100</td><td></td><td></td><td></td></tr>
<tr><td>项目实际得分</td><td colspan="3"></td><td></td><td></td><td></td></tr>
</table>

项目五

报表系统模块的应用

一、项目描述

财务报表模块是电子表格软件，既可以独立使用，也可以和财务管理软件的其他模块结合使用。财务报表管理系统的功能，主要包括文件管理、格式管理、数据处理、图表功能及打印等。系统中所提供的各类文件管理功能，除了能完成一般的文件管理外，财务报表电子表的数据文件还能转换为不同的文件格式，有格式设计功能，可以设置报表尺寸，组合单元，画表格线，调整行高列宽，设置字体和颜色以及设置显示比例，可以制作出满足各种要求的报表；通过绝对单元公式和相对单元公式，可以方便迅速地定义计算公式；通过种类丰富的函数，可以在系统向导的引导下，轻松地从财务及其他子系统中提取数据，生成财务报表，并且可以打印输出图表。系统中提供了40个行业的标准财务报表模板，如果标准行业报表仍不能满足需求系统，还提供了自定义模板的功能，可以根据本单位的实际需要定制模板。

主要任务

① 学习财务报表的主要功能及其作用。

② 能够完成自定义报表的设计，并生成报表数据。

③ 能够利用报表模板生成报表数据。

④ 能够了解在出现操作错误时的处理思路和方法。

二、项目分析

1. 编制资产负债表

① 启动UFO报表系统。

② 引入报表模板。

③ 对报表模板进行修改。

④ 生成报表。

2. 编制利润表

3. 对账

4. 结账

三、操作资料

① 华宇有限责任公司2011年1月31日，由总账会计（kj）编制2011年1月31日的资产负债表。

② 华宇有限责任公司2011年1月31日，由总账会计（kj）编制2011年1月份的利润表。

③ 对账。

④ 结账。

四、操作程序

1. 编制资产负债表

① 以总账会计身份登录，将计算机系统日期调整为2015年1月31日，登录“畅捷通T3-企业管理信息化软件教育专版”，单击【财务报表】菜单，进入报表管理系统。单击【文件】/【新建】，系统打开【新建】对话框。

② 在弹出的【新建】对话框中，在“模板分类”栏选择“一般企业（2007年新会计准则）”，单击右侧“资产负债表模板”，进入“资产负债

表”界面。

③ 在“资产负债表”界面中，单击报表左下角格式按钮，报表由格式状态转变为数据状态。

④ 单击【关键字】/【录入】，系统弹出【录入关键字】对话框。

⑤ 在【录入关键字】对话框中，在“单位名称”中输入“华宇有限责任公司”，系统将当前系统日期 2015 年 1 月 31 日作为报表编制日期，单击确认按钮，系统弹出“是否重算第一页”对话框。

⑥ 在“是否重算第一页”对话框中，单击【是（Y）】，表页自动计算出报表数据，形成“华宇有限责任公司 2015 年 1 月的资产负债表”。

⑦ 单击【文件】/【保存】按钮，系统弹出【另存为】对话框，单击【保存】按钮，将资产负债表保存在相关文件夹下。

2. 编制利润表

利润表的编制方法与资产负债表类似，编制利润表时不用对报表模板公式进行修改。单击格式按钮，使报表系统自动计算出报表数据，若未自动生成数据，则可在数据状态下执行【数据】/【表页重算】命令，即可生成报表数据。

3. 对账

① 在【总账系统】窗口执行【期末】/【对账】命令，打开【对账】对话框。

② 用鼠标双击要进行对账月份的【是否对账栏】，或将光标移到要进行对账的月份，用鼠标单击选择按钮，选择对账月份。

③ 选择总账与辅助账的对账范围，单击对账按钮，系统开始自动对账。若对账结果为账账相符，则对账月份的【对账结果】栏显示【正确】。若对账结果为账账不符，则对账月份的【对账结果】栏显示【错误】，单击【错误】可查看引起账账不符的原因。

④ 单击试算按钮，系统开始对各科目类别余额进行试算。试算完毕，显示出【试算平衡表】。

参 考 文 献

[1] 孙莲香. 财务业务一体化技能实训教程（畅捷通 T3 版）. 北京：清华大学出版社，2012.

[2] 孙莲香. 会计电算化上机实验. 第二版. 北京：高等教育出版社，2014.

[3] 罗佛如. 会计电算化综合实训教程. 北京：化学工业出版社，2018.